JN219139

地域で活きる 実践IoT

自治体、農業 倉庫・工場の活用事例

テレコミュニケーション編集部 編
NTT東日本 ビジネス開発本部 監修

リックテレコム

目次　　　　　　　　　Contents

インタビュー

有限会社中村養鶏場

第 6 章　「荷役」を「スマートロジスティックス」へ　　109

株式会社 PAL

インタビュー

第 7 章　IoT による見える化でベテランの技術を継承　　127

協立金属工業株式会社

インタビュー

序 論

IoT が変革する
日本の経済と
ビジネスモデル

 IoT のこれまでと今

　モノのインターネットである IoT（Internet of Things）が注目を集め始めた 2012 年から、すでに 6 年近くが経過した。当初は、自動販売機や電力・水道等の遠隔メーターなど、やや特殊な分野が中心であったが、現在では、自動車、住宅、産業機械全般など対象は広く産業、社会全般に拡大している（図表 1）。依然として、人の眼には直接触れにくいながらも、IoT は特別にニッチな存在ではなく、社会、生活に密着した存在となりつつある。

　その市場規模は、日本国内でも留まることなく 2 桁成長を続け、今や 1 兆円を超え、2 兆円が視野に入ろうとしている（図表 2）。世界市場は、さらにそれを上回る勢いで伸びており、普及率も決して成熟水準には到達しておらず、中期的な成長が期待されている。

　また、ペット、ゴミ箱、食器、店舗機器、医療機器など、これまでは思いもよらなかった機器や製品も、IoT としてネットワークに繋がる対象となりつつある。今や IoT は、監視・見守りだけでなく、様々な自動化、遠隔化を支える、言わば「産業や社会の耳、眼」としてさらにすそ野を広げ、今後も、質、量、多様性のあらゆる観点で成長が期待できるようになってきている。

図表 1　IoT の普及状況

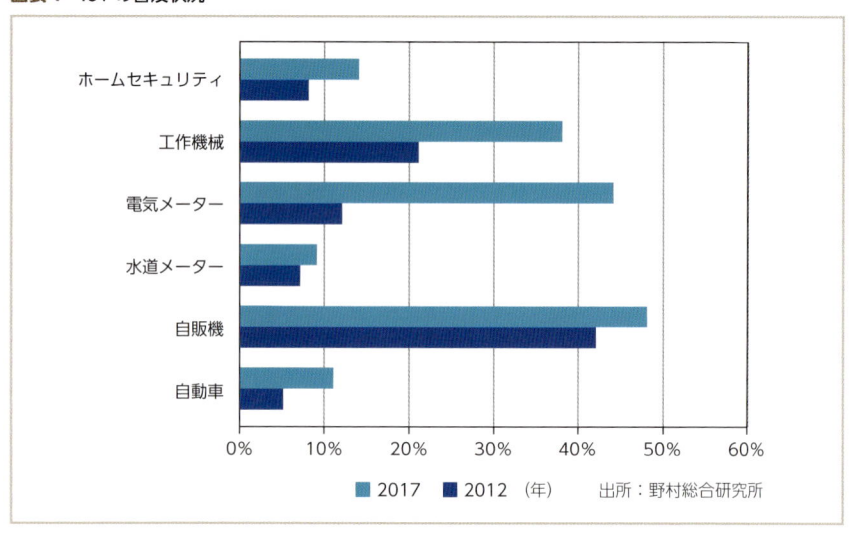

図表 2　IoT 市場動向予測（日本）

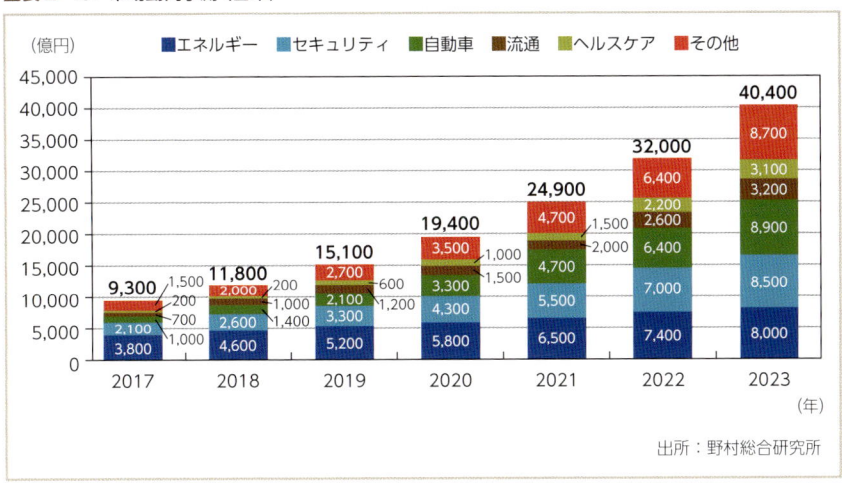

出所：野村総合研究所

2 なぜ、今、IoT なのか？

　IoT が急速に存在感を高めている背景には、技術と社会・経済の 2 つの要因が同時に影響している。

　技術的な背景としては、第 1 に、無線 LAN や LPWA (Low Power Wireless Access)、LTE など通信技術の発展にともなうコストパフォーマンスの劇的な向上 (図表 3)、それによって、より多くのモノに対してネットワーク機能を付けることが経済的、実用的に可能となったことがあげられる。

　IoT という言葉が使われる 10 年以上前から、機械と機械をネットワークで繋ぐという意味で M2M (Machine to Machine) という言葉が、IoT の前身として利用されていた。自動販売機やガスメーター、ホームセキュリティなどの分野で、ネットワーク接続が行われていたが、その速度は、現在の Mbps 級に比較すると、極めて低速 (100kbps 以下) であった。一方、サービス料金は、Mbps 換算で 30 倍近く高い水準であった。それでも、その利便性は業界内では広く知られていたが、機器、通信サービスや開発環境等が未整備なこともあり、現在のような業界をまたがる一大トレンドには至らなかった。

　現在、無線 LAN、ブロードバンド回線や、携帯電話の LTE など、多様な通信技術の進展により、これまでとは比較にならない多数の端末が、ネットワークに接続されてきている。さらに、ネットワークの空き時間や容量に余裕のある伝送路に上手く IoT のトラフィックを誘導するなど、極めて低コストでネットワーク接続を実現し、利用者の見た目には無料に近い水準、もしくはブロードバンドサービスを契約していれば、実質的に通信については追加費用ゼロといった形での IoT システムの構築、利用が可能となってきている。

　その意味で、IoT は、導入障壁としての技術、コストなど供給側の課題から、利用目的や自社ビジネスモデルを実現するための実装取り組みなど、利用者側、ユーザー側の活動が、より重要となる段階を迎えている。

図表3　ネットワークコストの変化

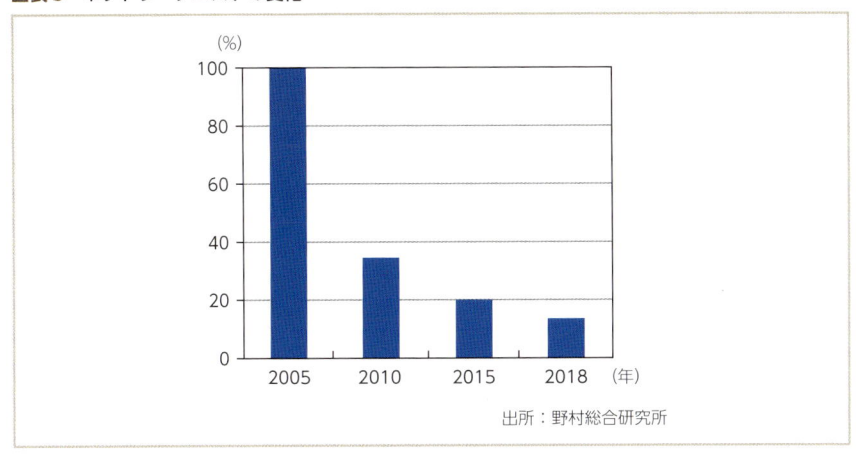

出所：野村総合研究所

　第2に、クラウドやビッグデータ、AIの普及により、IoTが集めた大量の
データを、効率的かつ場合によっては無人化・自動化に繋がる形で解析、処理
できるようになってきたことがあげられる。一方的にデータを集めるのではな
く、判断や制御などの形で、対象機器にフィードバックさせることが可能とな
り、IoTの有効性が高まったことも指摘されている。

　単なる遠隔データ収集や、機器スイッチのオンオフだけではなく、GPSに
よる位置情報や対象機器の利用状況評価、障害予兆の判別、遠隔での監視や操
作など、データ収集・記録を超えた新たなサービス、機能提供が実現しつつあ
り、後に述べる社会、産業の生産性向上、安心・安全や新たなビジネスモデル
の開拓に貢献している。

　加えて、AIや画像認識技術の進展により、収集してきたデータの認識、分
別、状態予測などを、人手を介さず大規模、かつ効率的に提供する仕組みも
整ってきた。

　言わば社会や産業の眼、耳であるIoTと頭脳であるAIが連携することで、
高度なサービス提供をさらに追求できる可能性が広く認められるに至った。

▎社会・経済的な背景

　一方、技術の進展だけではなく、社会・経済の変化も、IoTをより必要とす
る方向に向かっている。

　その代表が、先進国や中国を中心とした高齢化の進展と、それによる労働力
不足である。

　特に日本市場においては、世界の先頭を走る急速な高齢化の進展により、2020 年以降、本格的な労働力減少と、それにともなう深刻な社会、産業への影響が予想されている。

　これに対処するためには、これまでの人のマネジメントに関するアプローチ、例えば採用、雇用、時短や報酬・評価制度等の見直しだけでは不十分となりつつある。

　考えられる方向性としては、「人生百年」と言われる高齢者の活躍と活用、例えば定年延長や働き方改革による副業解禁への期待が、まずあげられる。

　試算にもよるが、2030 年以降に向けて労働人口が 900 万人近く減少する（図表 4）ことに対して、定年延長や保育見直し等による労働参加率の引き上げと維持によって、600 万人相当の人手を実現することが実現目標となる。ただし、この方法だけでは、すべての課題を解決することはできない。

　第 2 に人手不足への教科書的なアプローチと言える移民受け入れの拡大があげられる。歴史的、文化的な背景から、移民受け入れに消極的な日本であったが、コンビニエンスストア店員の外国人比率増大など、労働力不足の影響は無視できない。

　今後、外国人労働者受け入れの柔軟化、さらには移民枠拡大が検討されるわけであるが、現在の日本においては長引く不況の影響で人件費等が抑えられてきた結果、移民を招く国々との人件費格差は、かなり縮小している。加えて、中国等においても高齢化、労働人口減少が予想されており、一人っ子政策の見直し等を加味しても、十分な人的資源の確保が怪しいと見られつつある。結果として、日本だけでなく、中国、韓国、台湾等の国々も、移民拡大を目指す動きを示しており、単に日本だけが政策を少し見直せば、移民を増やせるはず、ということは期待薄な状況となっている。

　むしろ、シニア技術者等については、中国企業が日本人雇用を積極化するという動きが見られており、移民を増やすどころか、優秀な技能を有する日本人労働者を海外から奪われないようにすることが、より差し迫った課題となっている。

　そして最後が、IT 技術の進展に期待した人手不足を補うデジタルによる自動化、無人化、遠隔化である。改めて、AI が頭脳、ロボットや自動化が手足だとすれば、IoT はそれらを補完するデジタルの眼、耳として、極めて重要な役割を果たすことが求められる。

　店舗、物流、決済、安心・安全から始まって、貴重な人的資源を人手でなければ対応できない介護、教育、ヘルスケア等の機械化困難なサービス領域に回

すため、デジタル化可能な業務、タスクは積極的にデジタル化を進めることが、日本の社会、産業に求められるミッションであり、IoT は、その重要な構成要素と言える（図表 5）。

図表 4　日本社会の高齢化と労働力減少

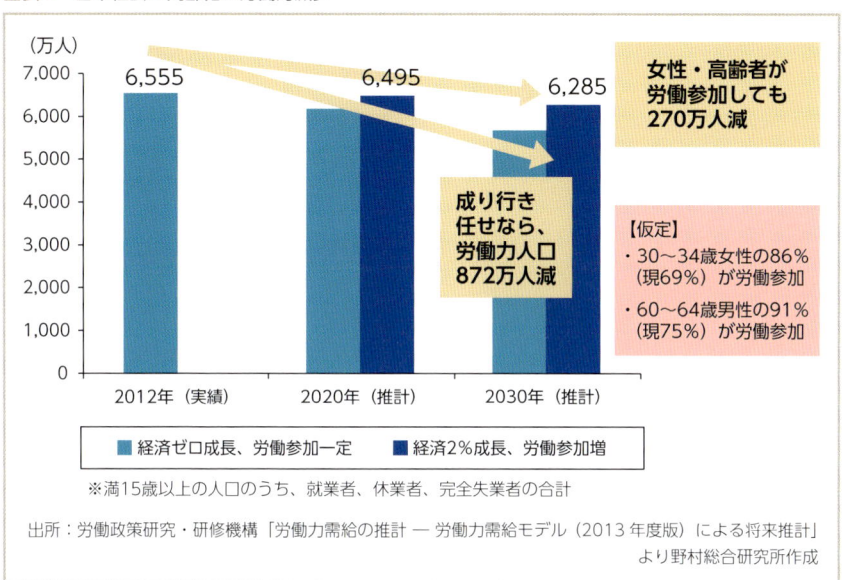

※満 15 歳以上の人口のうち、就業者、休業者、完全失業者の合計

出所：労働政策研究・研修機構「労働力需給の推計 ― 労働力需給モデル（2013 年度版）による将来推計」
より野村総合研究所作成

図表 5　労働力不足対策の三本柱と IoT の位置づけ

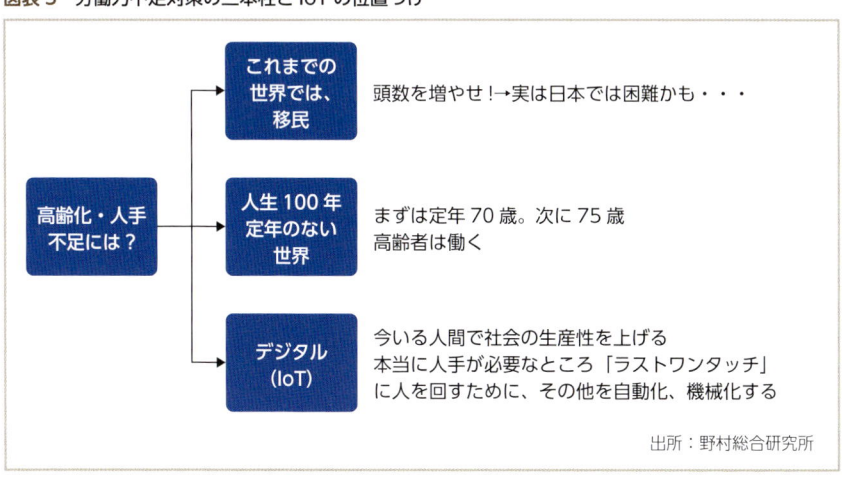

出所：野村総合研究所

IoT による
新たなビジネスモデル

IoT の導入による新たなビジネスモデルの中から、代表的な 3 つを取りあげて紹介する。

■ バリューチェーンからバリューリンクモデル

第 1 に、従来ビジネスモデルの代表例であるバリューチェーンに、新たに加わるバリューリンクモデルの登場があげられる（図表 6）。

バリューチェーンは、企業内の一連の活動（調達、開発、製造、販売等）を、スループットやリードタイムなどの KPI[*1] に注目して、企業活動を最適化するアプローチである。IoT の登場によって、企業内活動だけでなく、顧客や店舗、フィールドまで含めた販売後の自社製品からの情報収集や遠隔制御を通じて、より広範な視点で、最適化を進めることが可能になってきた。

ビジネスモデル視点で言えば、これまでのバリューチェーンが、企業内での部品、製品、清算のモノの流れ、フローを重視したものであることに比較して、バリューリンクは、顧客側に置かれた過去からの製品群を、自社の資産、ストックに準ずる位置づけとし、保守等のアフターサービス、状態監視、付帯する保険、利用状況の把握など、様々な付加サービスを提供することで、最適化を図るアプローチとなる。

自動車を例にとると、車両の情報（走行距離、燃料消費、タイヤ圧、過去の保守履歴）だけでなく、運行情報（走行位置、ルート、時間帯）、さらには運転者情報（急発進、急加速、急ブレーキ）など、これまでは自動車メーカーではなく、ディーラーや中古車販売事業者が部分的に押さえていた情報を、IoT を通じて販売時から包括的に入手することが可能となる（図表 7）。

これによって、まず自動車保険への展開が可能となる。具体的には、従来の大雑把なリスク管理から、車両の走行状態、運転手の運転履歴等にもとづいて、より精緻なリスク評価が可能となる。

さらには、中古車取引についても、サードパーティの中古車販売事業者による専門家診断とは別に、過去からの収集データにもとづいて、より精緻な中古車履歴情報の獲得、さらには中古車の価値評価が可能となる。中長期的には、

---

*1　KPI（Key Performance Indicator）：重要業績評価指標

中古車販売市場における主導権は、完成車メーカーが押さえるとする見方は、決して少数派ではない。

図表 6　バリューチェーンからバリューリンクモデルへ

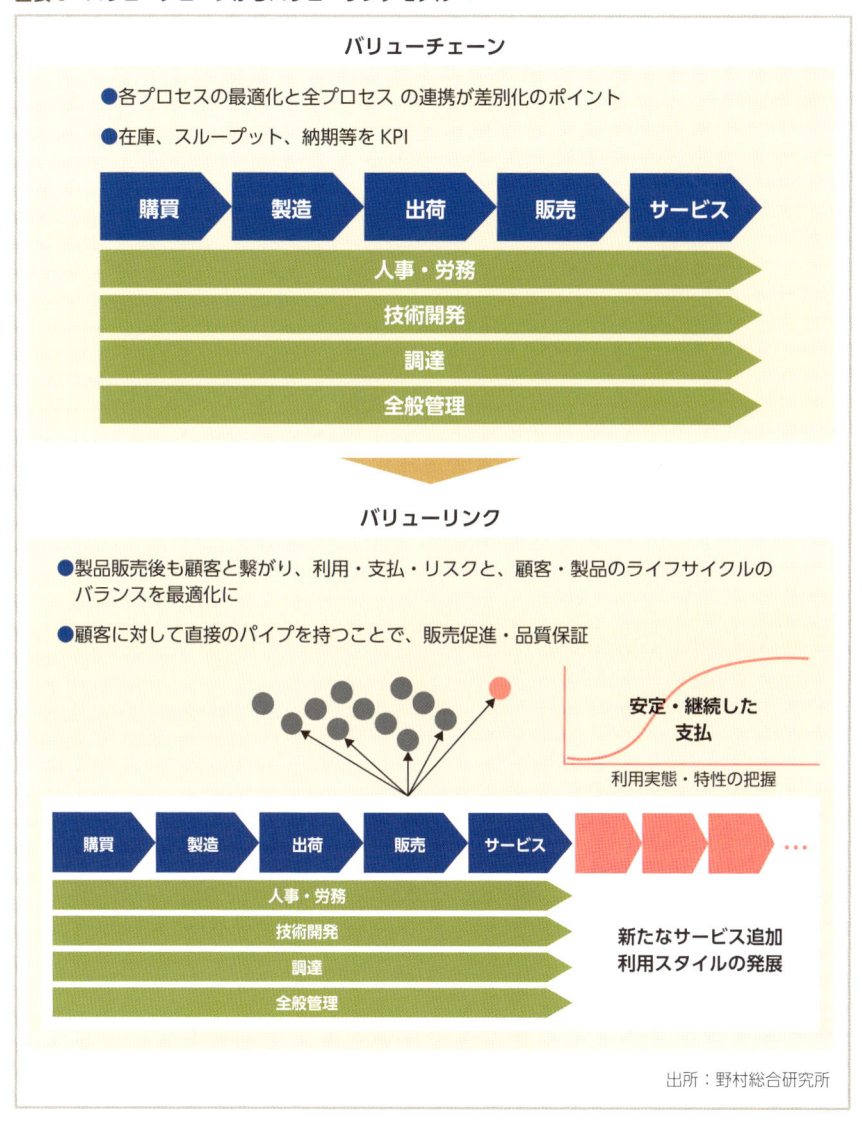

出所：野村総合研究所

図表 7　自動車における IoT と新たなビジネスモデルへの展開

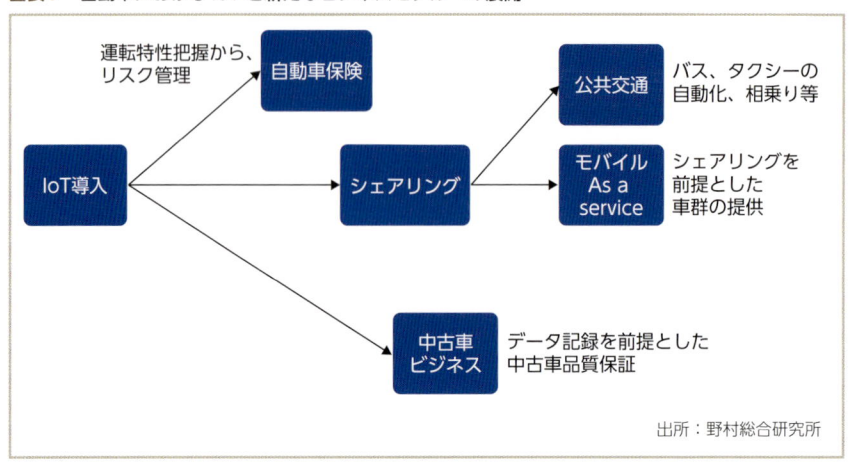

出所：野村総合研究所

　もちろん、既存ビジネスに対して一方的にプラスの影響だけがあるというわけにはいかない。代表的な例としては保険、特に自動車保険があげられる（図表 8）。

　自動車の走行情報、運転手の特性を把握することで、保険の精度を高めることは、これまでの統計的な事故データにもとづく保険料設定に対して、料金引き下げの競争圧力として働くことは自明と言える。

　また、自動車メーカーが車両の走行データを保持することにより、今後、自動運転が普及した場合に、自動車保険そのものの位置づけが「運転者が保険会社から購入する」ではなく、「自動車メーカーがデータにもとづいて自社の製品のオプションとする。その際、保険会社は自動車会社から包括で保険を引き受ける（厳しい料率を突き付けられる）」となる可能性も無視できない。特に自動運転の普及は、運転者に対して、保険料負担の意識を揺るがせかねない影響、「自分が運転しないなら、事故は自分のミスたりえない。したがって自分が保険料を払うのはおかしい」といった考えを生み出す可能性がある。この場合、これまでの自動車保険のビジネスモデルが揺らいでしまう。

　ただし、自動化や無人化が技術として完成度を高めるまで、予想されるトラブル等に対してそのリスクを分担する仕組みとしても、保険の有効性は極めて大きい。保険ビジネスは、IoT によってプラス、マイナス両方の影響を受けることになる。

図表8　自動車保険とIoT

IoTのインパクト 大数の法則、地位低下	**移行期の 事業機会**	**自動化普及期の インパクト**
●IoTの普及により、従来の 大数×アクチュアリーの 利益率が低下	●自動化移行期は、新たな リスク対応保険の登場機 会が増加	●自動運転が普及率17%。 40%を超えると支配的な 位置づけに到達
	・農機・建機等が2020年の 自動化へ移行していく過程 で、無人機と人のトラブル に対する保険ニーズが発生	・自動車メーカーは、製造物 責任のフレームや月額リース 等の扱いで、自動車保険を 取り込む可能性が高まる

出所：野村総合研究所

シェアリング

　IoTが生み出した最も代表的なビジネスモデルの1つがシェアリングである。レンタカーや中古製品取引など、類似例はいくつかの分野で見られるものの、携帯電話とIoTの普及によって、利用率の低い資産（自動車、住宅、庭、自転車等）を、利用者の保有ではなく、共有化の形で提供する。これまでは利用率を高めるための、状態把握、資産の最適配置、利用者の特性把握などが困難であったものの、IoTの進展によって劇的な利便性の向上が実現し、シェアリングは、菜園、携帯電話バッテリー、子供用品など、様々な領域に拡大しつつある。

　保有へのこだわりやネットワークとの親和性など、向き不向きはあるものの（図表9）、シェアリングは多くの分野でこれまでの保有による低利用率を改善し、空き時間のスキマを埋め、より最適化が進む。

図表9　シェアリングの適性

対象	主な商品・ サービス	アセット 移動コスト	利用率の低さ （保有の 非効率性）	サービス・ 財の均質性	市場成長の 伸び悩み、 収益性の低下	保有への こだわりの なさ
モビリティ	自動車 自転車 等	○	○	○	△→○	×
スペース	宿泊 ガレージ 農園	−	○	△	○	○～×
モノ・製品	子供服 工具	△	○	○	○	△
人的資源	役務 家事 ペット預り	○	○	△～○	○	−

○適性は高い　　△適性あり　　×適性は低い

出所：野村総合研究所

▌モノ、Things としての人

　IoT と言えば、基本的には機械が対象であり、人は対象ではないという理解が一般的であるが、近年の IoT は機械だけでなく、人を対象とした機能の開発も進んでいる。

　自動車の IoT による運転者の技能、癖、安全運転指向を筆頭に、工作機械や医療機器分野でも、オペレータの操作の癖、トラブル時の反応などを、データとして収集することで結果的に、人を IoT における重要な T（Things）の1つとみなすビジネスモデルも現れている。

　工作機械や建設機械においては、機械のパフォーマンス測定と人のオペレーション品質を併せて評価することで、オペレータのスキル評価を行い、並行して居眠り監視（操作の癖とカメラ表示の解析を併用）、労働スタイルの評価等も進められている。

　これをさらに進めた例として、医療機器の事例があげられる。手術支援装置等の IoT 導入において、医師と患者・患部の術前、術後情報を記録し、術後の状況評価から、医師のスコアリングを行い、医師のスキル、熟練度をランク評価することで、医師へのモチベーション付与（件数、ランクに応じたインセンティブ付与）、転職支援を提供する試みも見られる。

4　これからの IoT の展望

5G の登場、リアルタイムと映像

　急速に普及が進む IoT は、2020 年に予想される携帯電話の第五世代方式 (5G) 導入によって、さらに質的な面で進化を遂げることが期待できる。

　自動車や建設機械、工作機械など、モビリティがともなう、あるいは広いフィールドに分散配置される機器・装置に対して、4K/8K 映像への対応までを視野に入れた通信インフラの実現が計画されており、これまでの状態データ転送だけでなく、多数の高精細度カメラによる複数アングルからの動画像データの活用などが可能となることで、より精緻で、多角的な状態把握が実現する。加えて、第五世代方式のもう 1 つの特徴である低遅延 (ネットワークでの遅れが小さい) によって、遠隔でのリアルタイム制御、操縦も中長期的には商用化が可能となる。

　人手による従来オペレーション、制約が多い IoT 利用の無人・自動化のスキマを埋めるものとして、遠隔での人手によるオペレーションは、働き方の変革 (在宅での建設工事や産業機器操作)、時差を活用した技能者のシェアリング (日本の夜間建設工事を、時差のあるアメリカのオペレータが実施) など、より柔軟なビジネスモデルへの展開が視野に入りつつある。

AI の本格普及

　社会、産業の眼・耳である IoT と対になる AI (社会、産業の頭脳) の進展も、IoT の位置づけをさらに高める方向に向かう。

　すでに、AI の画像認識は、正答率の高さで人間を上回っている。今後、4K や 8K といった高精細技術が導入されるが、これらの技術は、人がディスプレイで眼にするためというよりも、AI がカメラを介して画像認識するために適した技術とも言える。

　遠隔操作、無人・自動制御の一層の高度化は、IoT と AI の進展によって実現されることが予想されており、IoT は社会、産業の眼・耳だけでなく、神経網としての役割を果たすことが予想される。

▌2020 年の自動化、無人化

　日本における人手不足は危機的な水準にあるが、それに対応した自動化、無人化もまた、高速道路の無人運転解禁を筆頭に、急速に進展している。すでに農機や建設機械においては、「2020 年無人化宣言」が多くの企業で語られており、製造業だけでなく、金融機関、運輸・物流、流通等においても、無人化・自動化は程度の差こそあれ、進展することに疑問の余地はない。IoT は前述のAI 連携等と併せて、ネットワークにより、広域・遠隔環境下での自動化、無人化を支える重要なシステムインフラとして、今後も発展する。

5 IoT 取り組みへの課題

IoT とその発展系アプリケーションでもある無人化、自動化に対する取り組みを進めるに際しては、いくつかの課題があげられる。

第1に、日本社会・製造業に顕著に見られるように、IoT を経営の課題ではなく、実務者の業務課題とみなす意識である。

IoT が欧米等で注目を集めて、多くの取り組みが紹介される中、日本企業、特に製造業においては、IoT をビジネスモデルの変革ではなく、技術者・設備担当者の技術的な課題と位置づける傾向がある（図表 10）。

図表 10　日本産業界における IoT の位置づけ

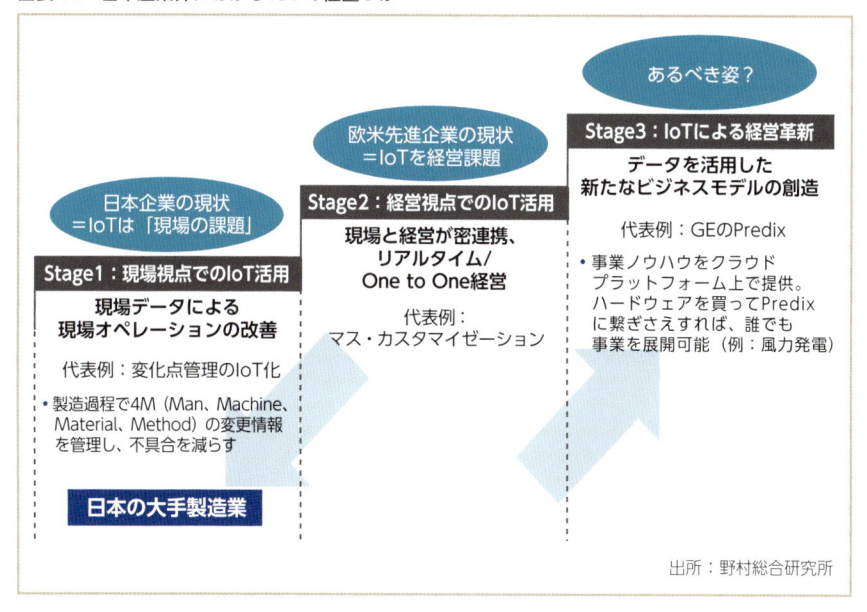

その背景としては、日本の産業界、社会の仕組み自体が、IoT やデジタル化の導入前段階で高い完成度、成熟度を実現しており、見かけ上は IoT の導入効果が相対的に低く見えてしまうことがあげられる。

工場設備を例にとると、日本の工場の多くにおいては、IoT の導入がなされる前から稼働率は中国や欧州等に比較して、高い水準にある。結果として、

IoT を導入しても、稼働率改善効果は相対的に小さくなり（本来はデータにもとづいた高度化など、単なる稼働率を超えた効果があるのだが）、経営者視点では、「高いお金をかけても、それほど大きな効果が期待できない」となってしまいがちである。

　また、日本に多くある落とし穴として、製造業の現場における古い設備、特に自社開発の生産設備等の問題もあげられる。IoT は、データ通信によるネットワークとの接続を前提としており、1990 年代以前の機器等が残っていると、前提条件であり、あまり価値の期待できないネットワーク接続そのものに多くの費用が必要となる。また、日本企業の工場は、多くの場合、多様な設備ベンダーの製品を導入しており、これも IoT 導入のコストを上昇させる一因となっている。そこで日本ならではの導入の工夫が必要となる。

　逆に、中国等の新興国においては、工場の多くは新設であり、設備ベンダーも同一ベンダーから、一括して導入している例が多く、ネットワーク化機能は当初から装備されており、追加コストやインタフェース開発等を必要としない IoT 導入の敷居が低い水準にある。デジタル化の導入に見られる後発優位が、IoT においても表れている。

▌データの縄張り

　また、日本企業のもう 1 つの落とし穴として、工場内に代表される縄張り意識の強さがあげられる。彼らは、工場内の設備の運用はノウハウそのものであり、外部には出したくないと言い、工作機械を新規導入する際においても、IoT 機能を外したがる傾向もある。

　新興国だけでなく、欧米等においては、工場内の機器に対して、もともとの機器メーカーが IoT によるネットワーク接続を行うことは特別なことでも何でもない。それによって、装置の故障予知や予備保全等が効率化できるならば、自社のメリットになると考えることが一般化している。

　もちろん、外部にデータをそのまま持ち出されたくないノウハウ等は存在するが、それについては、交渉と契約、機密データに対するファイアウォール等の設定で対処することが一般的であり、一律に接続を拒否する「IoT 鎖国」は日本企業固有の現象と言ってよい。

　しかしながら、囲い込まれたデータによって、目を奪われるような IoT 導入が進んだという事例は寡聞ながら聞いたことはなく、実態としては日本企業の IoT 導入を遅らせる 1 つの要因となっていると思われる。

お客さまは神さま、完全自動化の落とし穴

　日本企業の高い業務完成度が、IoT 導入の敷居を上げているという指摘をしたが、これは、今後の自動化、無人化についても同様である。オペレータへのトラブルを防ぐような自動化、無人化は、当然、十分な対策を施すべきであるが、現在の完成度をそのまま自動化、無人化で実現すべきであるという思い込みは、結果として、自動化、無人化のコストを膨大なものに膨れ上げさせるだけでなく、実現時期も大幅に後送りすることで、結果として世界市場での競合に劣後することに繋がりかねない（図表 11）。

　一例をあげると、近年、欧米中国でコンビニエンスストアの無人化、自動レジの導入が積極的に進められている。販売商品把握に際して、映像認識や重量センサー、RFID など様々な技術が検討されているが、多くの欧米トライアルにおいては、小型商品は販売対象から外されている。その理由は、RFID 等のタグを利用するとコスト高となり、映像や重量認識では十分な認識精度を出すことができないことにある。

　日本企業においては、このような場合、より高度な映像認識の開発によって、現在と同じ商品群を扱えるようになるまで導入は先送りしようという考えになりがちであり、欧米中国における今できる技術に合わせて、品揃えや店のレイアウトそのものを変更すべき、という考えには与しないことが多い。

　言わば「お客さまは神さま」であり、今の品揃えを減らすことはサービス低下であり、許されないという考え方である。しかし、その一方で、人手不足、特に夜間・早朝の店舗要員確保は極めて厳しい水準にあり、「そもそもサービス水準そのものも改めて見直さなければならない」、「場合によっては、ある分野でサービスの利便性を低下させても、結果として全体としての品質を高めるための取り組みこそ優先すべき」という声もある。

　完成度の高いシステムを追い求めすぎるゆえに、自動化、無人化取り組みの時機を逸してしまい、導入しながらの改善や段階的な導入といった経験値の蓄積を無視することは、長期的には海外システム、ひいては海外資本の参入を招き寄せる結果になりかねないことに留意すべきである。

図表 11　自動化、無人化の考え方

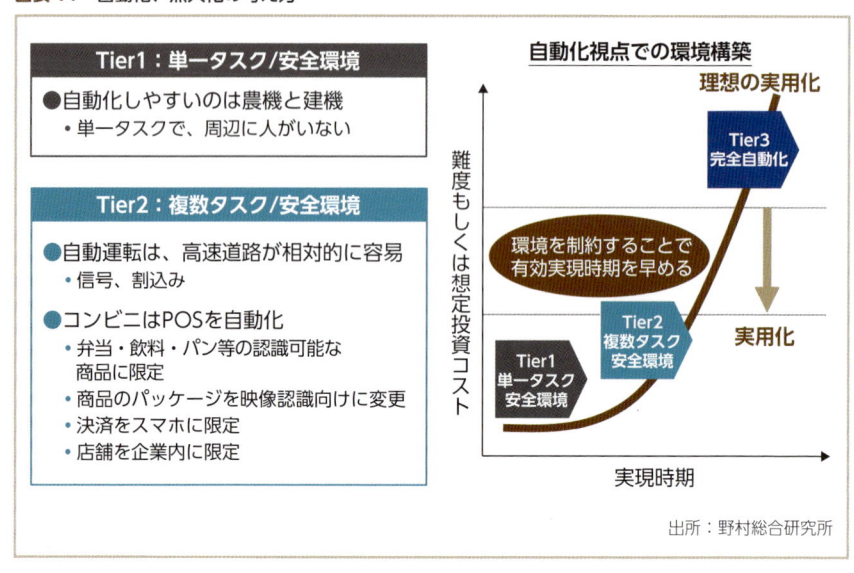

出所：野村総合研究所

　IoT の導入に際しては、経営者のなすべきこととして、以下のことが望ましいと思われる。

- IoT を理解した上で、新たなビジネスモデル構築のための取り組みとして、短期的にはできないことに過度に振り回されることなく、中長期的な取り組みに繋げていく
- 上記の実現を技術者、技術部門にだけ任せるのではなく、経営者の視点から今できることとできないことを見極め、あえて実現目標を落とすことで実現の取り組みを前倒しし、IoT から無人化・自動化に繋がる取り組み、データ蓄積を急ぐ
- 上記の過程で、AI やビッグデータなどの IoT との組合せにも目配りをしていく

6　IoT 取り組みとシステム化

　多くの企業、特に中堅企業における IoT 取り組みの差し迫った課題は、「どこから、誰が IoT に手を付けるか?」である。

　これが大手企業であれば、情報システム部門を中心に対策組織を編成するといった動きも相対的に容易であるが、中堅・中小企業においては、技術的なスキルと、IoT への取り組みを任せられる要員を確保することは決して容易ではない。

　ここで留意すべきなのは、必ずしもこれまでの情報システム化のように、大手機器ベンダー等に大規模な投資をともなう開発プロジェクトとして発注するとは限らないことである。

　IoT を中心としたシステムは、幸いなことに、データを集めることから始まり、その活用は段階的、またはトライアンドエラーを許容しやすい仕組みとなっている。データの収集であっても、最初からすべての対象機器を、同時に接続する必要はなく、代表的な機器、もしくは統計的に優位なサンプル数(分野にもよるが、40 程度が目安であろうか)から始めて、有効な解析方法を模索していくことでも、十分な効果が期待できる。

　データを集めるネットワーク、データを保管、解析するためのクラウドの最小限からスタートして、まず傾向の解析、仮説・シナリオの検討、小規模なシステムによるトライアンドエラー、その結果によるフィードバックを繰り返すことが求められる。

 7　地方の中堅・中小企業と IoT

　IT、通信ネットワークは、基本的には規模の経済性が優位な市場である。端末数は多ければ多いほどよく、小さなシステムに比較して巨大なシステムがより大きな便益を提供できる構図となっている。

　IoT においても、一面では、この構図が成り立つ。同じ対象、同じアプリケーションであるならば、端末数の多い大手企業の IoT は、端末数の少ない地方・中小企業に比較して、より大きな便益を提供することになる。

　反面、IoT には多様性、新規性に富むという特性もある。人を対象とした多くのシステムは、コミュニケーションを中心として、類似した機能の少数のアプリケーションへと収斂（しゅうれん）していく傾向にある。それと比べると、モノを対象とした IoT は、状態検知、遠隔制御の側面に注目しても、カメラからセンサー、メーターなど、様々な媒体を、経済性、有効性等を目的とする利用者にとって適切な組合せから選択する幅広さ、奥深さがある。

　また、新たな取り組み、機器、事業や市場での PoC（Proof of Concept）に対して、先行的なシステム化を検討する際、それらの仕組みは、スクラップアンドビルドとなり、大規模で均質なシステム化は困難となる。

　言ってみれば、IoT は、これまでの大企業主体の情報システムに比較して、小回りの利いた、ニッチもしくは試験的、先行的で多様な取り組みが併存する仕組みと言える（図表 12）。

図表 12　規模の経済性と多様性が併存する IoT

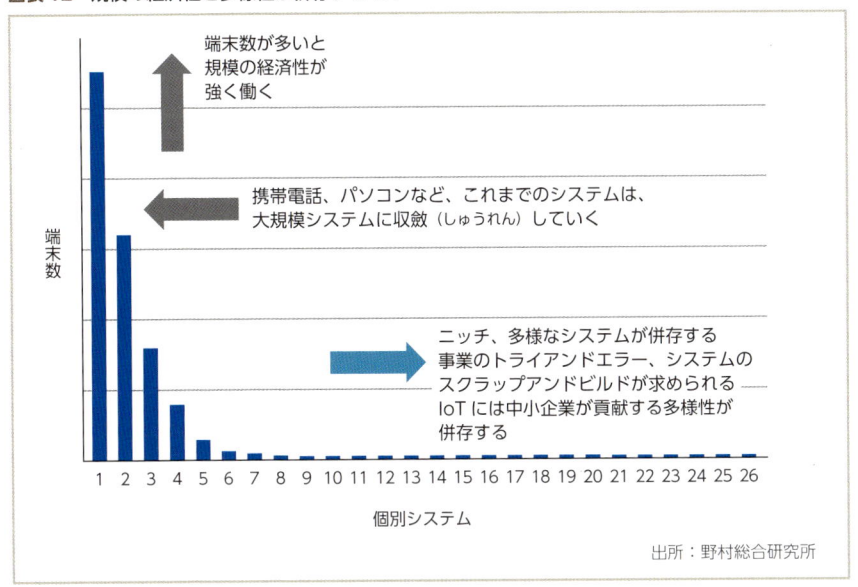

特に、新たな事業開発など、不確定なリスクをともなう活動においては、昔の事務作業のコンピュータ化のような明確な要件定義が困難であり、その多くは「まず試しに」、「だめなら作り直し」、「作りながら考える」といったプロセスとなる。取り組みとしては、短い期間でのトライを複数回繰り返すこととなり、社内での承認など、内部手続きに重みのある大手企業が苦手とするものである。

　それゆえに中堅・中小企業においても、大企業に負けない取り組みは経営者の心構え次第で十分実現できると考えられる。これまでの IT と異なり、IoT が対象とする取り組みは、より中堅・中小企業においても、高い競争力を発揮する局面、アプローチが期待できる。

桑津 浩太郎（くわづ こうたろう）
株式会社野村総合研究所 研究理事
同コンサルティング事業本部 副本部長
同未来創発センター センター長

第 1 章

IoT + AIで
未来を先取りする
農業法人の挑戦

サラダボウルグループ

画像IoTでトマトの収量予測を実現
人手の過不足を解消し
フードバリューチェーンへの扉開く

サラダボウルグループ

　先駆的な農業生産法人として注目を集める「サラダボウル」。その関連会社である「アグリビジョン」は最先端のテクノロジーを活用し、高品質トマトの生産・販売を行っている。その効率的な生産から流通に向かうプロセスでボトルネックとなっていたのが「収量予測の揺らぎ」だ。そこでNTT東日本の協力のもと、IoTとAIを活用した実証実験を実施し、翌日トマトが幾ら収穫でき出荷できるのか、ある面ではベテランの担当者に負けない精度まで高めることに成功した。その経緯と効果、そして今後の展望について尋ねた。

プロフィール

株式会社サラダボウル

設立	2004年
所在地	山梨県中央市
事業内容	農産物の生産・販売、農産物の加工、農産物の小売、農作業の請負・農地の管理、農業経営コンサルティング、農産物の企画・開発

最先端の技術を駆使し高品質なトマトを栽培

　中央本線韮崎駅から車を走らせること約 20 分、山梨県北杜市の南アルプス連峰を望む小高い丘の上に突如として現れる巨大なビニールハウス。高さ約 6 メートル、敷地は東京ドームとほぼ同じというその施設で、アグリビジョンのトマトが栽培されている。

　訪問したのは 8 月下旬。台風一過の雲ひとつない青空のもと、少しでも動くと滝のような汗が流れる真夏日だ。ビニールハウスの中はさぞかし暑いのかと思いきや、太陽の光がほどよくやわらぎ、意外に過ごしやすい。天井が高く、広々とした空間には外から風が入り、黒くて丸っこい体つきのマルハナバチがせわしく飛び回っている。マルハナバチによって受粉すると着果率が高く、味も食感もアップすると言われており、施設内で放し飼いにされているという。おいしいミニトマト作りに欠かせない大切なパートナーなのだ。

　「あまり暑いと、こいつらも働きたがらないんですよ。人間と同じですよね」と収穫中のスタッフが、真っ赤に染まったミニトマトを収穫しながら教えてくれる。ここには想像していたような「野菜工場」のような冷たさはない。自然環境とテクノロジーがほどよく混じり合い、人間もハチも働きやすく、そしてミニトマトにとって最適な環境が作られているようだ。

図表 1-1　高さ約 6 メートル、敷地は東京ドームとほぼ同じという巨大なビニールハウス

　それでも広々としたハウス内は、従来のミニトマト栽培とはまったく違う様相を見せている。足もとに土はなく作業がしやすいようにコンクリートの平地が広がり、靴が汚れる心配もない。整然と配置された栽培棚からは天井に向かってミニトマトの枝が 3 メートル以上も伸び、テグスで吊り下げられるように上へと誘導されている。水分や肥料はコードを通じて適量が与えられるようになっており、土由来の疫病がないことから、農薬の散布も最少で済むという。根本は栽培棚の下部に大きく巻き付けられており、てっぺんから根本までゆうに 15 メートルは育っていることになる。

　「最長 20 メートルにはなりますよ。1 年に 1 回植え付けをして、10 ヶ月間に渡って収穫していきます。その間、実を収穫したら葉を落とし、根本に巻き付けるというのを何度も繰り返していくんです。収穫する際にちょうどよい高さに熟したミニトマトが来るよう、常に調整しているわけですね。作業する人はかがんだり、伸び上がったりしなくてよいので、体への負担が少なくて助かっています」

図表 1-2　熟したミニトマトが収穫しやすい高さに来るように調整

　このビニールハウスが造られたのは、3 年前。化石燃料の活用を極力抑え、太陽光を十分に利用して室内を温め、ミニトマトの生育に最適な光や温度、

水、湿度などをコンピュータで制御しているという。しかし、あくまで指示を出すのは人間だ。

「ミニトマトの顔色を見ながら、そのときにミニトマトが求めている環境を整えてあげることが大切です。かといって、必ずしも同じように生育するとも限りません。いつ熟すのかも彼ら次第。人間の都合どおりというわけにはいかないんです」

したたかな自然に手を焼きながらも、ミニトマトへの溢れんばかりの愛情が感じられる。しかし、せっかく瑞々しく実ったミニトマトも、的確なタイミングで摘み取られ、出荷されないと大きな損失になってしまう。自然と人とテクノロジーが協力して育んだ高品質なミニトマト。その価値を最大化することにおいて、ボトルネックとなっていたのが「収量予測」というわけだ。それはせっかくのトマトの何パーセントかを無にしてしまうだけではなく、食卓に繋がるサプライチェーンにも波及的に影響を与えるものなのだ。

■「新しい農」を拓くアグリビジョンの挑戦

アグリビジョンは、「農業の新しいカタチを創る」をミッションに掲げ、農産物の生産・販売、農業生産コンサルティングなどを行う「サラダボウル」の関連会社として、2013年3月に設立された。創業者であり代表取締役を務める田中進氏は、UFJ銀行からプルデンシャル生命保険を経て、サラダボウルを設立したという異色の経歴の持ち主だ。金融業界で培った経営感覚を活かし、これまでの農業に合理的な新しい風を吹き込むビジネスパーソンとして農業界に留まらず広く注目を集めている。

そんな田中氏が取り組んできたのは、今の時代に合った「農業の近代化」である。昔ながらの農業をマーケティングや生産工程管理や人材育成、労務管理、原価管理、人材育成、セールスプロモーションなど、ありとあらゆる部分を見直し、農業を家業から事業へと生まれ変わらせようとしている。田中氏は「どの産業でも普通にやってきたこと」とさらりと言い、「だからこそ、農業もほかの産業と同じように"三方良し"でなければ継続していけない」と語る。農業という"売り手"、小売・流通という"買い手"、そして消費者や地域、社会といった"世間"のそれぞれが、納得のいく形でバランスが取れてこそ、世の中に価値のあるものとして存在し続けられるという考え方だ。

そうした観点からすれば、残念ながらこれまで農業は地味で儲からない職業との印象をもたれ、実際、就業人口は下降の一途をたどっている。その結果、

農業従事者の高齢化が進み、休耕地が増えるなど、産業としては継続の危機にあると言っても過言ではない。そうした状況を鑑みれば、農業が事業として成り立ち、社会が求めるような価値を提供し続けていくためには、取引相手や消費者について考えるだけでなく、農業従事者自身が自らの手で「愛着を持って長く働ける職場」を実現することが求められる。

　そこで、アグリビジョンでは給与や週休2日、ボーナス支給などの待遇を整えることで、現従事者だけでなく、若い世代の担い手の参加と定着を図ろうとしている。もちろん、それを可能にしているのは、高品質な商品を生産し、利益を確保できているからにほかならない。そのために適切な原価管理や流通との密な連携、労務・人事管理などの仕組み作りによって改善する余地は多く、それが経営の重要な役割なのだという。

図表 1-3　「農業の新しいカタチを創る」がアグリビジョンのミッション

　「すべてのことが鶏と卵の関係のような状態で、はたしてどこから改善するべきか、悩ましい問題です。おそらく数字という事実から本当の問題の在り処を判別し、最も影響度の高いところから打つべき手を選ぶというのが妥当でしょう。そう考えると、良い商品を無駄なく確実に欲しい人の手に届けるという『フードバリューチェーン』は農業という業界では最も影響力が高く、改善

するべき事項の1つと言えるでしょう。マーケティングから消費者への販売まで繋がる一連の流れの中で、農業生産の最後のステップである『収量予測』がボトルネックになっており、早々に改善するべき事項だと考えたわけです」(田中氏)

◻ ボトルネックとなっていた収量予測

収量予測とは、農産物がどれくらい収穫できるかを収穫前に予測するというものだ。アグリビジョンでは、これまで従業員が実際に畑を見渡し、実際に収穫してみることで1レーンあたりの収量を予測し、それを元に全体の収量を計算し予測していた。基本的には目視と経験値によるものであり、担当者のスキルに依存すると言ってよい。そして、前日に行った収量予測にもとづいて、収穫を担当する人の数を決定したり、出荷予測数をバイヤーに通知して輸送手配を行っている。もしも、収量予測が外れてしまうと、確保した人員の手を無駄にしたり、逆に収穫しきれずに残ってしまい大きな損失を被ることになる。また、取引先である流通事業者は十分な仕入れができずに欠品したり、逆に過剰に仕入れることになる。そうしたロスが価格に跳ね返り、消費者は割高のミニトマトを購入することにもなる。それでは誰も得をすることがない、"三方良し"の真逆の結果になってしまう。

「これまで農業は技術優先の産業でした。『いいものを作れば高く売れる』という発想になりがちで、そのためフードバリューチェーンの中から取り残されてきたのだと思います。しかし、『きちんと納品する』という社会的要請にしっかり応えることができれば、タイムリーかつ安定的に高品質のミニトマトを無駄なく流通させることができ、スタッフは働く時間が安定し、休みが増え、働く時間に対しての収入が上がり、パートの時給も高めに設定できるようになるでしょう。言わば収量予測は、農業再生の糸口となるフードバリューチェーンの中の"一丁目一番地"のようなものだと思うのです」

そして、収量予測の最適化が目指すのは、機械化・効率化による人員削減などではない。むしろ逆だという。まず1つは、熟練度の高いスタッフをより戦略的な業務へと転換することだ。収量予測の担当者はいずれも熟練したスタッフであり、様々な業務を抱え、常に多忙を極める。システム導入前の収量予測業務では、前日は目視で、当日は実際に収穫することを行っていた。それがあって初めて、スタッフ配置も出荷予測も可能になり、業務が流れ出す。言わば要の業務となっていたわけだ。しかし、その収穫作業には、1レーンにつき

約 1 時間近くもかかる。その負担を軽減できれば、労務管理を含むより戦略的な業務にあたることができるようになる。

図表 1-4　収穫予測はフードバリューチェーンの "一丁目一番地"

◻ 汎用的な機材で収量予測システムを構築

アグリビジョンで今回のプロジェクトを主に担当したのは、取締役事業所長の佐藤さん、労務管理責任者としてハウス内の収量予測にも携わっていた福田さんら 3 名のメンバー。いずれも農業に関する豊富な知識を持ちながら、決して ICT に詳しいわけではないという。

サラダボウルの ICT 活用で相談を受けていた NTT 東日本がパートナーとなり、両者による取り組みが始まった。

「取り組みがスタートしたのは、2017 年の冬。約 1 年半前になりますか。しかし、NTT 東日本のご担当者には、その 1 年前からアグリビジョンの母体であるサラダボウルに出向いただき、直接 ICT や AI、ロボティクスなどではなく、広く事業そのものの話をして、経営的な課題を共有してきました。その後、今回のプロジェクトを立ち上げて半年ほどで設計・開発を行い、実際にハウス内でのテストを開始したのが約 1 年前です」

　システム自体はシンプルな構造だ。ハウス内には栽培棚がずらっと並ぶレーンが260本あり、その1本をテストレーンとして使用している。そのレーンを自動的に行き来するカートにスマートフォンを設置し、往復させながらパノラマ動画を撮影する。カートはもともとトマトの収穫の際にかごを載せたり、薬剤散布などを行ったりするために使用されているものをそのまま利用している。スマートフォンも一般に市販されているものが採用された。

　撮影した動画データはハウス内に設置されたWi-Fiアクセスポイントに飛び、光回線経由でクラウド上に集められ、画像分析によってトマトの色味や大きさ、個数を分析し、収穫のタイミングにあるものを選別するという仕組みだ。そして、その数量は収量予測として、アグリビジョンに届けられ、翌日の収穫スタッフや箱詰めスタッフなどの人数配置調整や、取引先のバイヤーへ提供する出荷予測などに使用される。

図表 1-5　収量予測システムの構成イメージ

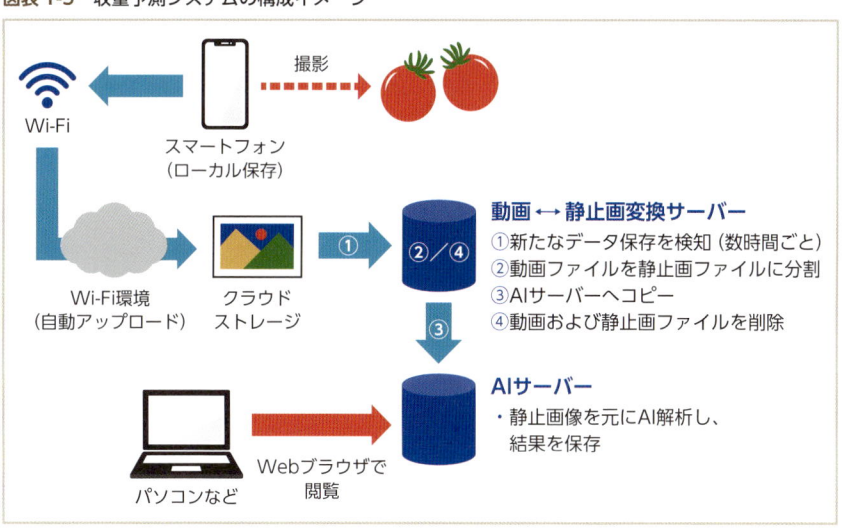

　収量予測に携わっているアグリビジョンの福田さんは、システムの導入によって予測の精度が上がり、その分析結果を用いることで各業務の最適化にも大きく貢献していると高く評価する。

　「かつては人の目視と経験則に則って収量予測を行っていたのですが、担当者によって揺らぎが大きかったのが難点でした。人による判断は、平均して7割程度とそれなりに高いのですが、人によってはいいときには100%に近い

適中率のときもあり、悪いときは悪く、揺らぎが大きかったため、かえって信頼性を損ねてしまうという状況でした」

　一方、現在のシステムによる収量予測は約 85 ％前後の適中率で安定しており、そこに天気や温度などの外的要因や、収穫する人の癖などについても加味することで、より実態に近い最終的な予測が可能になったという。

　また、人の手であれば 260 レーン中 1 レーンでのサンプル採取がやっとのところ、システムによる自動化がかなえば、3 〜 4 レーンに増やし、より精度を高めることができる。

図表 1-6　スマートフォンをジンバル（ブレを抑制する固定具）を介してカートに設置し動画撮影

　的確な収量予測が実現できれば、的確な従業員・パートの配置も可能になる。人が足りないために残業や収穫漏れが発生したり、逆に多すぎて手が余ったりということもなくなる。1 日 1 人あたりの生産性が高まるということであり、事業全体での収益が上がり、必然的に収入も増えるだろう。また、1 拠点を少ない人数で回せるとなれば、横展開して新しい就労の場を増やすことができる。むろん増産にもなり、地域貢献にも繋がるというわけだ。

🔲 1年間で適中率15%から85%へ改善

　予測適中率85%となれば、人間が予測する際の平均値70%よりもかなり高いレベルだが、1年前にテストを始めた頃は、わずか15%程度にすぎなかった。田中氏も「正直、最初はあまりの精度の低さに驚きました。こんなに低い数字で今後、使える仕組みに仕上げていくことができるのかと不安でした」と当時を振り返る。しかし、様々な課題をクリアし、1年間でジリジリと精度を上げてきたNTT東日本の底力に再度驚かされたという。

　最初ほぼ失敗に見えた状態から、実際に"使える"レベルに上がってきた、その背景にあったのが、アグリビジョンとNTT東日本との絶妙なパートナーシップだ。田中氏は、その関係性を育んだものとして、プロジェクトの1年前からNTT東日本の担当者がアグリビジョンの母体であるサラダボウルに出向し、課題を共有していたことをあげる。もともとNTT東日本は「社会や地域の課題解決」を会社理念として掲げているが、さらに担当者レベルでも我が事として粘り強く取り組んでくれたという。田中氏は、そうしたNTT東日本の姿勢を讃えつつ、それを引き出した要因として、「おそらく私たちがIoTに関して"素人"だったからかもしれません」と語る。

　「『そんなのすぐにできるでしょう』となんの遠慮もなく要求し続け、何度となくNTT東日本さんの顔が青ざめたのを目撃しています（笑）。でも、それによって互いに妥協することなく『使えるレベル』まで上げていくことができたのかもしれないですね」

　田中氏が語るもう1つの理由としては「現場が面白がって取り組み、積極的な協力があったこと」だという。通常、IoTやAIといった最先端の技術を用いたシステムともなると、メディアやセミナーなどで情報をキャッチした社長や役員層から急に押し付けられることも少なくない。現場が問題意識や課題感を持つ前に、トップダウンでシステム導入を進めていくというスタイルだ。しかし、結果として現場のお荷物となり、失敗するプロジェクトもこれまた多い。アグリビジョンでも田中氏が牽引したのは事実だが、それ以上に現場が主体的に課題感を持っていたこともあり、誰もが関心を持って主体的に取り組んだという。

　「最先端の技術として興味深いというのもありますが、それ以上に『これができたら自分たちの仕事が変わる』『将来の農業は変わる』という期待を持てたことが大きいと思います」

　アグリビジョンでは、農業経営における改革の1つとして、経営感覚を持っ

た人材育成を推進している。当事者意識を持ち、産業としての将来を見据えた人材が揃った環境だったからこそ、未知のプロジェクトにも真摯に取り組むことができたのだろう。

❏ トマトの粒を取り出す機械学習設定に成功

　それでは実際には NTT 東日本はどのような技術的対応を行っていったのか。システムの要となったのは「このトマトは収穫していいのかどうか」と判断するための画像を収集し、分析するまでの過程である。

　まずカートに付けられたスマートフォンをパノラマ設定にして動画を撮影し、クラウド上で写真として切り出し、さらにそれを数秒ごとに繋げて 1 枚のパノラマ写真を作成する。そして、さらに画像分析を行うために静止画像へと加工したという。

　1 枚の画像の中にはトマトがいくつか写ることになるが、アグリビジョンの主力商品であるミニトマトは房になっているため、そこから 1 つ 1 つの個体を取り出して認識する必要がある。最初の頃は房ごと群体で抜き出し、画像解析をかけて、その中で 1 つ 1 つの粒に分けて認識しようとした。しかし、どうしても分けて認識させることができなかったという。NTT 東日本の担当者はその試行錯誤を次のように振り返る。

　「どうやらトマトの群体の "フチ" の認識というのは難しいというのが分かったのは、時間をかけて何度か試行錯誤した後でした。この方法に見切りを付け、一度手を止めてそれまでのデータをすべて捨てて、振り出しに戻る決断をしたのです。このときはさすがに落ち込みましたね。でも、気を取り直して一から考え直し、1 つ 1 つのトマトの形を抜き出す方法を試してみることにしました。すると、このアプローチが功を奏して一気に処理が正確にかつスピーディーになったのです」

図表 1-7　ミニトマトは房になるため画像検出に苦労した

　こう聞くと、スムーズに進んでいったように見える。しかし、やってみては行き詰まり、やり直して先に行ったと思ったらまた振り出しに戻り、というように多数の試行錯誤が繰り返されていた。明るさを識別するのにあらかじめルクスを測定してみるなど、挑戦してみたものの結局使わなかった処理も多くあるという。

　「画像認識の精度を高めるには、機械学習で『何をどんなふうに学ばせるか』が成否のカギを握ります。そこには多くの方法があり、どれを選択すればいいのかは、まだ十分に情報がない中で経験し、知見を重ねることが必要であることを、身をもって体験しました。機械学習でのミニトマトの識別方法など、まだ誰も知らないわけですからね。次に、中玉トマトでテストを行っていますが、鈴なりのミニトマトよりも断然スムーズにできています。これらの精度を高めていけば、ほかの農作物などにも応用は容易になっていくでしょう」

　こうして粒を抜き出したところで、今度は「収穫できるほど熟しているのか」を判断する処理をかける必要がある。ここでもやはり「機械学習」がポイントとなる。アグリビジョンの熟練スタッフによって「収穫できる・収穫できない」の情報を紐付けた様々な色味のトマトの写真を読み込ませた。それも色だけでなく、大きさや形の違い、影になっている場合や半分しか見えていない

場合など様々な条件のものを多数取り込んだという。

　こうした画像認識の精度を上げるには、学習用の画像のみならず、撮影した画像自体もできれば解像度の高い写真であることが望ましい。しかしながら、そうした画像や映像をスマートフォンから大量にアップロードすると、データの容量がネックになる。しかし、Wi-Fi を採用することで、大容量の大量のデータもストレスなく収集できるようなインフラができた。ビニールハウス内の上部に Wi-Fi アクセスポイントを設置し、事務所までは構内光ファイバを這わせるという方法をとった。シンプルな配線 1 本で屋内を広くカバーし、今後何らかのシステムが導入されたときにも、端末ごとの回線費用がいらず、快適なインフラとして使えるというわけだ。

図表 1-8　ビニールハウス内の上部に Wi-Fi アクセスポイントを設置

🔲 トマトの枝から冷蔵庫までのトータルフード　バリューチェーン

　IoT と AI という最先端の技術を用いてシンプルで軽い「収量予測システム」を実現させたアグリビジョン。田中氏は IoT や AI など ICT のテクノロジーの可能性に「頼もしさ」を感じたといい、その可能性に期待を寄せる。

　「人では気づかないこと、人では間違うところをサポートしてくれること。

それが IoT や AI などに期待するものです。正確なデータを膨大に積み重ねることで得られる気づきは、人間には得られないものだと思います。一人ひとりの生産性を向上させるためには、誰かの勘や知識に頼っていては難しいもの。過去の情報が統合され、リアルタイムで情報が可視化され、予測が行われることで属人的な判断から脱却し、『誰もができる』ようになる。それがあらゆるフェーズでかなえば、トータルフードバリューチェーンの実現など、大きなアドバンテージを得ることができるでしょう。今回はその大きな一歩として大変期待しています」

図表 1-9　IoT と AI を用いて人間をサポートする

　的確な収量把握ができれば、ロスが減り、納品の信頼性が向上するのは間違いない。となれば、小売・流通事業者と高値で契約しても、店頭には安価に並べることができる。結果、信頼性が高まり、通年通して安定的に 100％ に近い契約率が獲得できれば、価格も収量ともに上がり、利益に繋がることになるという。

　「小売・流通などのパートナーも半信半疑ながら、興味深く見守ってくださっている感じですね。こうしたサプライチェーンが実現できるなら、彼らにとっても大きなメリットになるのは明白で、『ぜひとも組みたい』とおっしゃってくださっています」

図表 1-10　人材の適正配置が可能になる

　また、生産原価という観点からは、人材の適正配置が可能になり、一人ひとりの手取りは増えることになりながらも、人件費全体で見れば削減が可能になる。つまり、原価率を下げることができるというわけだ。そして、これまで人手が足りなかったところに無駄な就労を省くことで余剰が生まれ、新たな増産体制を組めるようにもなるだろう。

　「これらに繋がるすべての起点はやはり収量予測なんですね。あらゆる予実管理が可能になることで生産現場の力になり、ほかの事項についても組み立てが行いやすくなります。例えば、自動車メーカーでは、生産台数が確定しない段階で『とにかく作業を始めて』といった具合で見切り予測で生産を始め、生産工程が進む間に予測の精度を高めていき、当日になると『今日は 300 台だから頑張ろう』というように必要な台数がほぼ確定しています。これまでの農業もこれと似たようなことをしていました。ただし、農産物の収量予測は、自動車のような精度では実現できてはいませんでした。自動車の業界で実現できていることが農業でできなかったのは、マインドの問題と農産物という予測の難しいものを取り扱っていたため。マインドはともかく、農作物の予測が難しい部分を補う IoT や AI といった新しいテクノロジーが登場したからには、もう実現できないはずはないと考えています」

　そして、田中氏はトータルフードバリューチェーンのその先で、トレーサビ

リティが可能になった世界をも見据えている。

「例えば今日摘み取ったトマトが、いつどこで店頭に並び、どんな人が購入し、その人がどんなサイクルでいつトマトを食べているかが分かればいいですよね。さらに消費者に産地から直接『こんなトマトがあるので試してみませんか』とセールスプロモーションまでかけていくことができれば」

それが実現すれば、購入した人の冷蔵庫の在庫、店の棚やバックヤード、出荷倉庫、そしてトマトの枝に付いたままと、すべての在庫管理が可能になり、各フェーズで生じているフードロスを大きく削減できる。田中氏の語る農業・小売・消費者の「三方良し」がかなうだけでなく、社会問題化しているフードロスも限りなく最小化できるはずだ。

どんな企業や社会にも多くの問題がつきものながら、1つ2つの大きな問題をクリアすると、8割がた解決するとも言われる。アグリビジョンが目指すトータルフードバリューチェーン、その後の世界に繋がる扉を開くものとして『収量予測』が該当するのだとしたら、まずは第一歩ながら、大きな一歩になったと言えるだろう。

♀ まとめ

課題
- トマトの収量予測により無駄なく流通させるフードバリューチェーンを築きたい
- 的確な人員配置で1日1人あたりの生産性を高め待遇を改善したい
- 収量予測のできる熟練スタッフの負担を減らし戦略的な業務へ転換したい

導入
- 収穫などに使うカートにスマートフォンを載せてトマトを動画で撮影
- 画像を Wi-Fi と光回線を経由してクラウドへアップロードする
- AI の画像解析で収穫のタイミングにあるトマトの個数を予測する

効果
- 適中率 85% の収量予測を実現
- 中玉トマトの収量予測など次の発展が可能に
- トマトの農場から家庭の冷蔵庫に至る流通過程の最適化へ第一歩

家業から事業への転換が必要
IoT は農業経営改革の第一歩

田中 進 (たなか すすむ) **氏**
農業法人 株式会社サラダボウル／農業法人 アグリビジョン株式会社
代表取締役

―― アグリビジョンでの収量予測システムは、農業における IoT 活用の先駆
　　的な取り組みとして注目されています。

　確かに「農業としては」そうでしょう。しかし、ほかの業界、例えば製造業
などでは、すでに多くの企業で導入されており、農業にも導入されることは必
然と考えています。今回の IoT システムも決して単発的なものではなく、私
たちが取り組む農業経営改革の 1 つに過ぎません。社会が変われば、農業も変
わっていくのが当然のこと。その考えのもと、農業を事業として捉え直し、他
業界には普通に存在する経営的な考え方を取り入れることで、農業経営の構造

自体を変えようとしています。テクノロジーの利用もその一部に過ぎません。

　2004年にサラダボウルを立ち上げてから、地域に点在する遊休耕地に小さなビニールハウスを建て、言わば「従来型の農業」にも取り組んできました。事業としては成り立たないと言われていたところに生産工程管理や人材育成、などの"マネジメント"によって経営改善することで利益を出し、雇用を生んできたわけです。私たちにとってロボティクスやAI、IoTなどの利用も、そうした事業改革の延長線上にごく自然に現れたものなのです。

—— どのような課題を解決しようと考え、IoTに取り組まれたのでしょうか？

　農作物は、手をかければかけるほど品質が上がり、優れた農産物になるという考え方が従来までありました。確かにそのとおりなのですが、必ずしもそれだけで多くの生産者が豊かな生活ができているわけではありません。離農者が増え、就業者が高齢化したり、減少したりしている事実からも、産業としての危機感はぬぐえません。

　そして少子高齢化や都市部への一極集中など社会問題もあり、さらに農業就労人口が減るとなれば、できるだけ少ない人数で効率的生産を行う「新しいカタチ」も必要とされます。あくまで農業の新しいカタチの1つとして、社会情勢によって「家業から事業へ」の転換が迫られており、経営の考え方や生産の仕組みを大きく変えなければいけない場面もあります。これは喫緊の課題ですが、まだその事例は世界的に見ても多くはありません。これまでもファーストペンギンとして様々な未知の可能性に挑戦してきましたが、これからも「農業の新しいカタチ」にチャレンジしていきたいと考えています。

—— ツールの1つとしてのIoTに目を付けられたきっかけは何ですか。また、成果に結び付いた要因をどのようにお考えですか。

　利用すべきテクノロジーとして常に意識し、情報収集は欠かさず行い、検証も数々行ってきました。例えばIoTを利用した労務管理システムなども導入したのですが、定着しなかったんですよね。どんなにすばらしい技術も社会的要請や複雑なマネジメント要件などと噛み合わないと、現場に定着しない。IoTは決して魔法ではないと実感しました。

　一方、今回の収量予測システムについては、この案件以前からNTT東日本さんとは人的な交流もあり、経営という側面から様々な課題や展望を共有していました。その中で、私たちの課題の解決策としてIoTがたまたま適合したと

いうだけなのです。それでも苦労を重ね、試行錯誤し、本当に大変でしたね。実際、NTT 東日本さんだからこそ、ここまで実現できたと思っています。何か問題が生じると、NTT グループやパートナーの集合知から何らかの答えを持ってくる。手を変え、品を変え、解答を導き出そうとする姿には迫力すら感じました。

　さらに言えば、持続力にも凄みを感じましたね。昨今は、開始も早ければ撤退も早いという会社が多くなりがちなのですが、NTT 東日本さんは始めるのに時間がかかっても、一度始めたら止めない。会社としてプロジェクトのゴールを「社会に貢献する未来のインフラづくり」に置いているからなのでしょう。その意味で、ファーストペンギンの企業文化を持った私たちの心意気を汲み取っていただき、「取り引き」ではなく、パートナーとして「取り組み」に参加させてもらっていることを大変幸運に思っています。

第2章

農業 IoT で成果
さらに魅力ある
郷土作りへ

山梨市

農業 IoT で成果
スマートシティ化で
魅力ある郷土作りへ

山梨市

　東京から電車で約 1 時間 30 分という距離にあり、首都圏エリアにほど近い山梨市。人口は減少傾向にあり、ほかの地域と同様に少子高齢化にともなう様々な問題に直面している。地方の市が抱える課題の 1 つが、地域発展に欠かせない産業の活性化支援や防災の強化、市民サービスの向上などだ。限られた予算、人手の中で、地域活性化のために IoT システムを活用した取り組みを積極的に行っている。

プロフィール

山梨市

都道府県	山梨県
総人口	35,432 人 (2018 年 1 月 1 日現在)
面積	289.80km^2

迅速性を重視した山梨市参加の IoT 実証事業

　日本各地の地方都市で少子高齢化にともなう人口減少が進みつつある。東京都の隣県となる山梨県の山梨市も例外ではない。高度経済成長期後期の1970年代から2000年代までは人口が微増するもののそれ以降は減少傾向にあり、今後はさらに減少が加速すると予測されている。特に若年層での減少が著しく、自然減のほか、進学で流出して戻らない傾向が強い。戻ろうとしたときにも、工場の海外移転や撤退、農業を始めとする第一次産業への就労減少などにより、決して潤沢な雇用が確保できているわけではない。そして、人口減少の結果、地方経済の縮小にともなう市民サービスの低下も懸念されている。

　こうした労働力不足にともなう様々な問題を解決するために、山梨市でもIoTを活用した「スマートシティ化」へ向けた取り組みが開始されている。その1つが2017年2月に発表された、農業における「アグリイノベーションLab@山梨市」だ。山梨市に加え、JAフルーツ山梨、地域のバイオベンチャーであるシナプテック、NTT東日本の四者がそれぞれの得意分野を持ち寄って協働する「官民連携」によるプロジェクトであり、山梨市をアグリイノベーションの「Lab（試験圃場）」と位置づけ、実証実験およびビジネス検証フィールドとして活用するというものだ。先進的なテクノロジーとしてIoTとバイオテクノロジーを大きな柱としており、IoTについては山梨市の基幹産業の1つである農業をIoTによって省力化し、品質や収量の向上などを図ることで、既存農家の支援とともに新規就農を促し、地域の活性化に繋げることを目標としている。

　このプロジェクトのそもそものスタートは民間起点だという。シナプテックとNTT東日本による共同企画が山梨市に持ち込まれ、JAフルーツ山梨へと橋渡しされたことがきっかけとなった。そして、その3ヶ月後に記者発表にまで漕ぎ着ける。その牽引役となったのが、取りまとめ役となった山梨市だ。官側の協働事務局として実証事業の手続きを踏み、実証実験フィールドとしてJAフルーツ山梨との協働のもと対象者を選定・依頼し、整ったところでプロジェクト立ち上げの宣言を行った。行政としては驚くべきスピードと言えるが、その背景についてプロジェクトの事務局を担当した山梨市役所 政策秘書課 副主査の小林弘氏は「市としても早急に取り組むべき課題だったため」と迅速性を重視したことを強調する。

　「確かに提案を起点とすれば短期間に見えますが、市として以前からIoTの取り組みは必要であると感じていました。アグリイノベーションLab@山梨

市立ち上げ後も総務省が連携する『地域 IoT 官民ネット』や経済産業省と連携する『山梨県 IoT 推進ラボ』などに市として参画させていただき、IoT についての情報収集や意見交換に務めてきました。その中で市としても IoT が地域に及ぼすイノベーション効果に期待するところがありました。そこに IoT 活用の対象分野として重視していた農業 IoT の企画が持ち込まれ、それが当該の課題解決に有効と判断して優先的に進めることになったわけです」

🔲 市域に IoT を普及させ、新たなビジネスの創出へ

「アグリイノベーション Lab@ 山梨市」がスタートしてからは、プロジェクトメンバー全員で農業と周辺産業の発展に向けた検討や知見の収集を行い、NTT 東日本が機器やシステムを提供、JA フルーツ山梨がトライアル農家の選定および対応を行った。市は基本的には協働事務局として調整役に徹している。

「基本的には実証実験の実行については、JA フルーツ山梨とシナプテック、NTT 東日本に委ね、できるだけ制約を課さないよう心がけてきました。とはいえ、予算なども無尽蔵ではないので、期間を設けて効果や可能性などに対する評価を行い、より効果的に市域に普及するためにも優先度の高いものを選定しました」

それが、JA フルーツ山梨に所属する熟練農家による「ぶどうのハウス栽培における省力化と栽培基準作り」の取り組みだ。具体的な内容については、本書の JA フルーツ山梨の章で詳しく紹介しているのでご参照いただくとして、それ以外にも露地栽培や桃などほかの果樹での IoT 導入が試みられてきた。

その中で「ぶどうのハウス栽培」に絞り込んだ理由について、山梨市としては地域課題に対する中長期的な貢献性を重視したという。「アグリイノベーション Lab@ 山梨市」の目的として掲げる 8 項目に照らし合わせて優先度を判断したのだ。8 項目とは、①農業データの見える化、②農業データの活用、③ノウハウの蓄積、④六次産業活性化、⑤ブランディング向上、⑥「儲かる農業」の確立、⑦山梨市発の新規ビジネスの創出、⑧持続可能な社会作り、である。それぞれステップを踏んでいく形となっており、農業 IoT プロジェクトがスタートして 3 年目となる現在は、②を経て③を目指そうとする段階にある。

実証実験で成果が出たとしても、IoT によるイノベーションは IoT 機器やシ

ステムが社会全体に広く普及し、大量のデータを取って分析・活用して初めて実現する。その普及においても市の支援がカギになる。そこで、山梨市としては農業 IoT を市域へと広げるための助成制度を設け、支援策を進めている。

図表 2-1　山梨市役所から市街と周囲の山々を望む

　なお、市が重視するのは公共性であり、たとえテクノロジーに詳しくなくとも誰でも活用できることだという。その価値判断が現れているのが、ICT を苦手とする人でも IoT システムを手軽に活用してもらえるよう、市として「NTT 東日本に運用サポートデスクの設置を要請したこと」だろう。小林氏は「市内の農業経営者は平均68.0歳で、65歳以上が占める割合は64.1％となっています。熟練農家の方はご自身でも以前からセンサーを設置したり、パソコンでデータを管理したりしていた経験のある方もいたことや JA さんのサポートもあり、問題なく導入・操作ができていましたが、これから導入する方は、あまり詳しくない方もいらっしゃるでしょう。そこで、使いにくい、分からないといったトラブルが生じても困らないよう、気軽に電話で聞けるようなサポートデスクを開設することが可能かを確認させていただきました」とその目的と事情について語った。

◘ IoT による社会課題解決の可能性を追求

　1 年間のトライアルを経て、ぶどう栽培農家への IoT 導入の効果について検証し、今後のロードマップが示されつつある中で、山梨市では現在進行中のシステムから一歩進んで、「分野・パートナー」、「エリア」、「サポート」、「技術」の各テーマについて展開・拡大し、取り組みを進める予定だという。

　その 1 つが、農作物の盗難抑止や鳥獣害対策のための IoT システムの導入検討だ。すでにぶどうのハウス栽培におけるセンサーシステムと一緒にネットワークカメラが導入されており、導入した農家ではセンサーのアラームとの併用による作業省力化に効果を認めている。露地栽培でもニーズがあり、それをどう具体化していくか、対応を進めていくという。盗難や鳥獣対策でも効果の上がる制度を検討していく方針だ。

　「システムとしての試行錯誤は JA フルーツ山梨と NTT 東日本にお願いし、山梨市では市民から寄せられる課題やニーズ、そして行政側からの情報などをフィードバックしていくことが重要だと考えています」

　市民からの要望も多く、市政としても早急に取り組む必要があるとしているのが「防災」への活用だ。近年の異常気象で各地に甚大な被害が報告されているが、山の多い山梨市もまた水害や地崩れは無視のできない状況にある。しかし、危険域を市の職員が見て回るには範囲が広く、災害時には危険もともなう。そこで、IoT センサーを設置し、平時から情報を取りつつ、異常時にはアラートが上がるようにしようというわけだ。

　さらに、山梨市がバイオベンチャーであるシナプテックと土壌分析のプロジェクトを始め、農業に活かす予定だという。

図表 2-2　IoT システムの展開イメージ

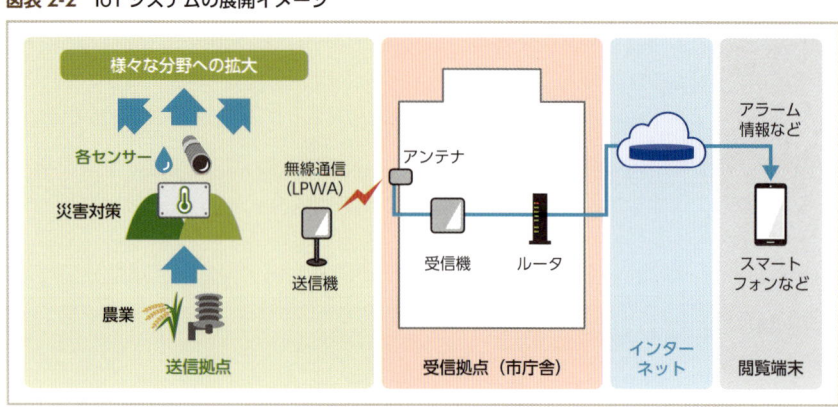

　現在は、市が管理する河川の橋架に1カ所、土砂災害の特別警戒地域に1カ所、それぞれ水位センサー、傾斜センサーを設置してデータを取得し、インターネットを通じてクラウドに蓄積されるというシステムが稼働している（実証実験中）。市域の8割が林野で斜面が多く、配線が厳しいことから、小電力で長距離での通信が可能なネットワークシステム「LPWA（Low Power Wide Area）」を採用し、センサーもソーラー電力で動くようになっている。一定時間ごとにクラウドあてにデータが送られるだけでなく、閾値が設定されており、それを超えると異常値として担当者に向けアラートが飛んでくる仕組みを実証中だ。

図表 2-3　水位計測

図表 2-4　傾斜計測

　小林氏は「市が担うべきは、国や県でカバーしきれない部分。地域をよく知るからこそ細やかな対応がかなうはず」と市の災害対策の立場を説明する。例えばこれまでは、国と県が大きな河川を管理して災害対策を行い、水害時には

気象庁と自治体が連動して災害対応を行ってきた。しかし、近年の水害は前例のないような小さな川が氾濫するなど、想定が難しい事態も度々起きており、地元の密な情報収集が欠かせない。必然的に地形や住民情報、過去の災害被害などを知る自治体が補完することが重要だろう。

図表 2-5　市役所の屋上に設置された LPWA 受信アンテナ

🔲 市民の声に耳を傾け、ニーズを把握

　JA、シナプテック、NTT 東日本など民間団体・企業の力を活かしながら、山梨市の社会的課題を解決する──そのスタイルは今後も続いていくと思われる。まずは現在テスト段階にある農作物の盗難・鳥獣害防止 IoT システム、災害予兆管理の IoT 化を検証し、有効と判断されれば市域に広げることになるという。

　また地方自治体が指針とする総務省の「地域 IoT 実装推進ロードマップ（改訂版）」では子育て支援についての IoT 活用なども新たに盛り込まれており、今後様々なステークホルダーとの連携の中からも IoT システムについての提案を受けることが増えてくる可能性もある。

　「迫りくる少子高齢化時代に対応するには、できるだけ早く対策を考え、取り組みを進めていくことが重要と考えています。かつての行政主導型では時間

がかかる傾向もあります。山梨市としては、市民一人ひとりの声に耳を傾けながら様々なニーズを把握し、それに合致するようなシステムやソリューションがあればできるだけ迅速に支援の可否を判断し、展開を委ねることが大切と考えています。そのためにも多彩なステークホルダーとの密接な連携が不可欠であり、行政にしかできない部分に集中し、スピード感を持って取り組んでいきたいと考えています」

まとめ

課題

- 人口減少や就農減少による農業人口の減少に対策を打ちたい
- 農業を IoT によって省力化し、品質や収量を向上したい
- 水害や地崩れなどへの防災に対応したい

取り組み

- 山梨市と、JA フルーツ山梨、シナプテック、NTT 東日本の四者によるプロジェクト「アグリイノベーション Lab@ 山梨市」を結成、バイオテクノロジー、IoT などの成長分野に積極的に取り組むことにより、多様な地域担い手の参画を促す
- IoT の活用によるぶどうのハウス栽培における省力化と、データを活かした栽培基準作りへの適用
- 農作物の盗難防止や鳥獣害対策、防災にも IoT を活用

山梨市の未来に向け
農業・福祉・観光の活性化に取り組む

高木 晴雄 (たかぎ はるお) 氏
山梨市長

—— 山梨市は IoT など様々なテクノロジーの活用を積極的に推進されています。その背景にどのような構想があるのでしょうか。

　山梨市もほかの地域と同様に、少子高齢化や労働人口減少にともなう様々な問題を抱えています。その解決のためには、産業を活性化させ、魅力ある郷土作りによって若者の流出を防ぐこと、並行して担い手不足を補完するために、テクノロジーの力を借りて様々な活動の省力化・効率化を図ることが必要と考えています。つまり、活性化と省力化、その両輪が上手に回り、問題を解決しながら新しい課題に取り組むことが重要と言えるでしょう。

　2016 年 9 月に総務省が開催した「地域 IoT 実装推進タスクフォース」の目的

でも触れられているように、ICT の中でも特に IoT やビッグデータ、AI などは、地域の様々なデータ利活用によって住民サービスの充実や地域産業の活性化などに大きく貢献するとされています。山梨市としても、地域の様々な課題解決を図るツールとして強く期待しており、国や県、企業や各民間団体などとともにまずは 2020 年を目標とした地域 IoT の普及に向け、積極的に取り組んでいきたいと考えています。

──── IoT の活用範囲としては、「アグリイノベーション Lab@ 山梨市」など農業における取り組みが進んでいます。

　山梨市の発展には、「農業・福祉・観光」の 3 つの事業の活性化が重要だと考えています。とりわけ農業は山梨市で最も重要な産業の 1 つであり、本市の人口に占める就業者の割合は 18％台と県（7.4％）や全国（4.2％）を大幅に上回ります。すでに江戸時代には山梨市を含む峡東地域は果樹の産地として知られ、特にぶどうは平安時代から栽培されていたとも言われています。

　さらに農産物の生産地としてだけでなく、ワイナリーなどの産業でも圃場が拡大しており、ワインを核にゆっくりと地域の魅力を体感、堪能できる周遊・滞在型の観光地を目指すビジョン「峡東ワインリゾート構想」などの新しい動きも活発化しています。第二次産業として若者を中心に新たな雇用の期待もありますが、観光資源としても大きな価値があります。もともと首都圏から近いことから観光農園なども多く、2017 年 3 月には農林水産業システムとしての独自性、伝統、文化や地域的なまとまりが評価され、「盆地に適応した山梨の複合的果樹システム」として日本農業遺産にも認定されました。ぶどうを中心とした産業、文化、景観などは、観光の資源としても重要な役割を持っており、近年のインバウンド需要も含めた誘致を期待できるものと捉えています。

　そうした本来豊かな地域でありながら、人口減少や高齢化が進むと同時に、若者の継承が十分に行われず、「労働力不足」、「技術継承の危機」、「収益力の低下」などの課題に直面しています。これまでの歴史や財産を受け継ぎながら、効率的で高収益な新しい農業のあり方を模索し、実現していく必要があります。例えば、近年ではシャインマスカットなどぶどうの新品種が人気となり、それを機に若者の就業が増えて元気になった地域があります。そうした好事例を地域に広げ、効率的で高収入、さらに魅力に満ちた農業を実現することで市の活性化が図れると考えています。官民連携施策として取り組むプロジェクト「アグリイノベーション Lab@ 山梨市」もそのための施策の 1 つなのです。

—— IoT の導入によってどのような効果を期待されているのですか。

　既存農業従事者の軽労化・省力化を実現させ、新規就農者に対しては技術継承の簡易化、品質の均一化を図りたいと考えています。

　これまでの農業は基本的に「勘や経験にもとづく」栽培が中心で、その勘や経験は熟練農家にとって貴重な財産です。しかし一方で、その技術継承が困難な一因になっていました。新規就農者にとっては、栽培ノウハウを身に付けるまでには試行錯誤を繰り返し、重労働に加えて失敗のリスクもあります。

　もちろん個別の農業事業者も様々な工夫や試みを行っていますが、共有・継承するための「栽培ノウハウの見える化」は、市の農業課題として大きな枠組みの中で行う必要があると考えています。そこに IoT を導入することでまずは「栽培データ」の蓄積がかない、その分析によって「ノウハウの見える化」がかなうのではないかと考えています。

—— IoT の導入事例として、防災の取り組みについての実験が進められています。

　こちらについても形としては、「アグリイノベーション Lab@ 山梨市」の一施策となっていますが、防災という市の役割を踏まえ、市民全体を対象として想定しています。市民の生命や財産を守り、安心・安全な生活を支えるためにも、この分野での公的サービスもまた、効果を上げながら効率化を図る必要があります。

　その 1 つが IoT を活用した「防災」の取り組みです。もともと山梨県は災害の少ない県と言われていましたが、近年の異常気象の影響を受け、集中豪雨や台風などによる増水や土砂災害の恐れも懸念されています。そこで、市内の河川や土砂災害の特別警戒地域にセンサーを設置し、少ない人数でも市域情報を収集し、防災に役立てられる仕組みが作れないものかと、検証をしているわけです。今後の検証結果次第というところですが、有用であると判断がなされれば、市内全域に広げられることによって、より災害に強い山梨市を実現できるものと考えています。

　また、山梨市としてはほかの自治体と同様に、スマートシティ化にともなう行政サービスのあり方についても大きな課題と認識しています。そこから考えられる課題解決に向けた IoT の利活用を考える上での実証実験としても期待しています。

—— 今回の取り組みは、山梨市と、JA フルーツ山梨や地元のベンチャー企業であるシナプテック、NTT 東日本との官民連携施策でした。その協働について、どのようにお考えですか。

　地域の活性化を第一義と考える中で、それぞれの分野におけるステークホルダーとの協力が効果的な結果をもたらすものと考えています。今回の施策は農業分野でしたが、農家や JA だけ、行政だけというのでは、おそらく実現は難しかったでしょう。その中で、JA フルーツ山梨が農家や農業に関する部分、シナプテックがラボやバイオ分野の取りまとめ、山梨市が行政機関との調整や住民向け補助制度の実施など、それぞれが得意分野を担い、協力し合ったことで実現に至ったことだと思っています。とりわけ通信関係技術や多方面でのネットワーク体制を持ち合わせていた NTT 東日本と連携できたことは、構想の実現への大きな推進力となりました。特に、農業従事者においては高齢者の割合が高く、IoT をはじめ IT 機器に関して馴染みが薄いことを懸念していましたが、NTT 東日本に電話一本で対応が可能なサポートデスクを設置していただいたことで、安心して取り組みに参加できたと感謝しています。

—— 今後の施策についてお聞かせください。

　まずは IoT の活用によって成果を得るという好事例を作り、その検証を元に標準化し、市内に広げていきたいと考えています。もともと山梨のぶどうの名産地としての評価や地位は、挑戦と創意工夫の繰り返しによって築き上げられてきたものです。例えば、湿度の高い日本の気候に合わせて棚に枝を這わせる「棚式栽培」という独自の栽培法が普及していますが、それも約 400 年前に山梨で開発されたものなのです。同様に IoT を用いたスマート農業のあり方として、先駆的なノウハウやシステムを確立し、ほかの地域や農産物にも展開できるなら、それもまたすばらしいことだと思っています。

　そして、総務省の「地域 IoT 実装推進ロードマップ（改訂版）」でも示されているように、地方自治体の課題解決において、農林水産業や防災だけでなく、教育や医療・介護、地域ビジネスや働き方などについても、IoT の利活用の可能性があることは明らかです。活力ある豊かな郷土作りに向け、皆さんと協力しながら、様々なことに取り組み、実現していきたいと考えています。

農業 IoT の有用性を実感
鳥獣害防止、防災への活用もトライ

小林 弘 (こばやし ひろし) 氏
山梨市役所
政策秘書課
政策調整担当
副主査

—— 各自治体で IoT などテクノロジーの導入が進んでいます。山梨市における取り組みや市としてのスタンスについてお聞かせください。

　市としてのスタンスは、2017 年 9 月より総務省で開催されている「地域 IoT 実装推進タスクフォース」で策定された「地域 IoT 実装推進ロードマップ」（2018 年 5 月に改定）、そしてその実現に向けて取りまとめられた提言（第一次：2017 年 12 月、第二次：2018 年 5 月）に則って進められています。そして、具体的な活動として「地域 IoT 官民ネット」、「山梨県 IoT 推進ラボ」などに参

画し、情報収集を行うとともに、地域の様々なステークホルダーとの意見交換・交流を深め、そこから自発的に生まれてきた取り組みを市域に広げ、行政として支援を行っています。

その1つが、「アグリイノベーション Lab@ 山梨市」です。もとはシナプテックとNTT東日本による農業IoTの取り組みの提案からスタートしたのですが、それを市として価値のあるものと考え、JAとの橋渡し役を市で担いました。農業IoTによって作業の省力化など直接的な課題解決だけでなく、得られたデータを地域ブランディングや農業改革、六次産業化に利用することで魅力ある山梨市を創出しようというものです。市としては助成対象の考察と選定・予算化を担い、実証実験フィールドの提供と官側の協働事務局を担っています。

—— その後、1年間のトライアルを経て、市の役割も変わってきました。

2016年から約1年間の実証実験を経て、実際にトライアルで導入された農家やJAフルーツ山梨から直接お話を伺い、山梨市としても農業IoTの活用の有効性を認める判断をしました。そして、農業IoTとしてセンサーやカメラで圃場の環境管理を行うシステムに加えて、農作物の盗難抑止や鳥獣害対策のためのネットワークカメラについても実証を開始し、より地域に合ったシステムとして開発・改良していくことを依頼しています。

そして、農業IoTを市域へと広げ、もっとIoTについて身近に感じていただくための支援策を農家の方を対象に進めていきたいと考えています。

—— IoTの有用性を認める判断から、ほかの分野についても適用が検討されています。

農業IoTの有用性を実感したところで、ほかの分野へのIoTの活用についても検討することを決定し、それが災害検知管理のIoT化による防災対策の推進へと繋がりました。

農業IoTと大きく異なるのが「災害が起きても動き続けること」です。また、8割が林野という地形的理由から、ソーラー電力で動き、長距離での通信可能なネットワークシステム「LPWA」を採用し、水位センサー、傾斜センサーを設置してデータを取得し、インターネットを通じてクラウドに蓄積されるという仕組みです。閾値も設定されており、それを超えるとアラートが飛んでくる仕組みになっています。こちらに関しては、まだテストの段階なので、運用や展開についてはこれから考えていく予定です。

—— 今後の展開についてお聞かせいただけますか。

　まずは現在テスト段階にある農作物の盗難・鳥獣害防止 IoT システム、災害予兆管理の IoT 化をしっかりと検証し、有効であれば市域に広げていきたいと考えています。総務省の「地域 IoT 実装推進ロードマップ」では子育て支援についての IoT 活用なども新たに盛り込まれており、今後様々なステークホルダーとの連携の中からも IoT システムについての提案を受けることも増えてくるでしょう。そうした様々なニーズと提案に対して、できるだけ迅速に対応し、行政としての適切な支援を行っていきたいと考えています。

第3章

ぶどうの栽培技術を共有
地域全体のブランド化へ

JA フルーツ山梨

熟練農家のぶどう栽培技術を
IoT データで共有
地域全体のブランド化を図る

JA フルーツ山梨

　日本屈指のぶどうの名産地である山梨・峡東地域。民家の多い平坦地から傾斜地までぶどう畑が広がり、日本最古のぶどう品種である「甲州」から最近注目の「シャインマスカット」まで様々な品種が作られている。「山梨のぶどう」と言えば誰もが知るブランドであり、安定した産業と思われるが、やはりここにも農業従事者の高齢化にともなって様々な問題が生じつつあるという。その課題解決に向け立ち上げられた「JA フルーツ山梨」における IoT 活用の取り組みが注目されている。

プロフィール

JA フルーツ山梨

業種	農業協同組合
事業内容	販売・指導・購買・信用・共済ほか
所在地	本所：山梨県甲州市
組合員数	組合員：7631 人、準組合員：3013 人 (2018 年 9 月現在)

◼ 地域の繁栄の象徴としての「ぶどう」

　東京・新宿からJR中央線を走る特急列車に揺られること約1時間30分、山梨市駅に降り立つと北には秩父の山々が連なり、南には富士山の姿を望むことができる。土産物屋にはちょうど最盛期のぶどうが並び、線路脇のスロープにもぶどうがたわわに実る。駅前のモニュメントにもぶどうがあしらわれ、まさに「ぶどうの町」であることを感じさせる。

　山梨市は甲府盆地の東部に位置し、隣接する甲州市、笛吹市と合わせて峡東地域と呼ばれている。"峡"と付くように山々に挟まれ、笛吹川や重川といった河川が造り出した扇状地の上に市域が広がって発展してきた。扇状地は水はけ・日当たりがよく、昼夜の寒暖差が大きいことから、果樹栽培に向いており、ぶどうのほかにも桃やスモモ、柿などが生産されている。

　特にぶどうについては山梨県全体で日本一の生産量を誇り、2016年の農林水産省の作物統計では23.8％と首位独走状態にあるが、その地位を長年保っているのも峡東地域のぶどう栽培あってのことなのだ。さらに品種の開発・育成も盛んで、日本最古のぶどう品種である甲州をはじめ、近年ではシャインマスカットなど高級種も多く、300品種を超える遺伝資源が受け継がれているという。露地はもとよりハウス栽培も行われ、丘陵地だけでなく民家の多い市街地にも畑が点在し、首都圏から近いこともあって、ぶどう狩りや農業体験が楽しめる観光農園の数も多い。

　単にぶどうの生産地としてだけなく、ぶどうを加工したジャムやジュース、そしてワインの醸造地としても注目を集めており、さらにはワイナリーツアーやエコツーリズムなど、地域一帯を観光資源とみなした複合的な周遊・滞在型の観光地を目指すビジョン「峡東ワインリゾート構想」などのプロジェクトも進んでいる。第一次産業であるぶどう栽培を基盤に、それを加工する第二次産業、それらを観光資源とする第三次産業、すべての産業を支えているのが「ぶどう」なのである。そして、それらをもたらした独特の地形や気候、文化、催事など、地域全体としての独自性が高く評価され、将来に受け継がれるべき重要な農林水産業システムとして2017年3月に「日本農業遺産」に認定されている。

　峡東地域にぶどうが初めて栽培されたのは平安時代とも言われ、日本初のぶどう品種甲州を発見し、苗を植えたのは大善寺を拓いた大僧正・行基とも、雨宮勘解由という人物とも言われている。しかし、そこから多くの人の様々な創意工夫やイノベーションが積み重なり、現在の豊かな産業と文化へと発展・醸

成され、現在の山梨市、甲州市、笛吹市へと継承されているのである。

🔲 労働力不足にともない高齢者にかかる作業負担

　山梨のぶどう栽培の今を見ると、産業としても確固たる地位を築き、豊かさを享受していると言っても過言ではない。しかし、現在は就農人口、専業、兼業ともに減少しており、作付面積も少しずつ減ってきている。その最大の原因が、日本のどの地域にも共通する「少子高齢化にともなう労働力不足」だ。担い手の高齢化や後継者不足によって廃業する農家も増え、若年層への継承も思うように進まない。農業をとりまく環境は年々厳しく、多くの課題を抱えている。

　こうした変化を強く実感しているというフルーツ山梨農業協同組合（JAフルーツ山梨）の代表理事 組合長 中澤昭氏は、端的な現象の一例として「ビニールハウスの管理ミス」をあげる。ぶどうは多湿に弱い作物であり、だからこそ日本では棚に枝を這わせる「棚式栽培」が普及したわけだが、それだけにハウス栽培の場合は温度と湿度の管理が重要になる。

図表 3-1　収穫されたシャインマスカット

「甲府は盆地なので日が照るとかなり気温が上がります。朝から気温が上昇

して、4月くらいでも10時くらいになるとビニールハウスの中は人間も熱中症になってしまうくらいの暑さになるんです。たいてい前日に見当を付けて朝に窓を開けることが多いのですが、近年の異常高温で予測が難しい。また開けたつもりでも忘れていることもあります。その結果、昼頃に見に行ったら開け忘れていて高温多湿状態になっていたという事故が年に1回は起きています」

　ぶどう農家では、その状態を"ふかし"と呼び、あってはならない大トラブルとして恐れているのだという。"ふかし"を起こすと、葉枯れや着色不良などのトラブルを生じ、収量に大きく影響することになる。まだ短時間なら、葉を切り戻して再生させることでリカバリも可能だが、半日放置すると木の根元から切り替えして数年をかけて再生させるしかない。そうなれば、当然ながらその年の収穫はできず、1ハウス400～500万円もの損害を被ることになる。

　「まだ根っこが生きていてくれればいいのですが、枯れると苗から始める必要があるので4～5年はかかります。だから"ふかし"を出した農家の方は意気消沈していて、気の毒で見ていられないですね」

　そこまで農家が恐れる"ふかし"だが、2016年が3件と多かった。たまたまと言えば、そうなのかもしれない。しかし、以前は多くの人の目と手があったのだが、作業にあたる人が減ったこと、高齢化が進んで作業が負担になっていることなどが遠因になっている可能性は否めない。

　「少なくとも農家が忙しく、手が足りていない、人材が不足しているというのは間違いありません。しかし、少子高齢化が起きている日本では全国どの地域も人手不足であるわけであり、人を誘致するわけにもいかない。人手ではなくそれに変わる何かによって山梨のぶどう作り自体にイノベーションを起こす必要があります。まずは人手を補完する方法としてICT技術で何かできないか、NTT東日本さんには早い時期から相談していたんです」

■ 災い転じて福となす!? 人気ぶどうに転換

　農家の現状をよく知るJAフルーツ山梨からの相談を受けつつ、また技術の進化や国の要請などもあり、NTT東日本では農業に関するIoTソリューションを模索していた。こうした中「まずは実験からやってみよう」という形で話が進んでいったという。

　しかし、「人が足りないこと」を機械が補完してくれるだけでは、高齢化による労働力不足など、山梨のぶどう農家が抱える問題の抜本的な解決には繋がらない。次の世代に可能性を感じさせる産業とならなければ、若者の離農は進

み、これまで育み蓄積してきた多くの財産を引き継ぐことは難しい。その危機感は農家の間でも、JA でも、そして市にも共通してあったという。

　つまり、"ふかし"回避が直接的なきっかけではあったが、背景に JA フルーツ山梨をはじめ、山梨市のぶどう作りに未来に向けた大きなビジョンがあったことでプロジェクト自体が一気に前進することになる。その象徴が「未来における新しい農業」の可能性を感じさせるぶどう、「シャインマスカット」の存在だ。

　シャインマスカットは 2006 年に品種登録されて以降、急速に人気を集めている高級ぶどうの一種で、緑黄色の大きめの粒にマスカットにも似た上品な甘みと高貴な香りが特徴だ。糖度が 20 度前後と高めで、種がほとんどなく、薄くて柔らかい皮はパリッとした歯ごたえで、皮ごと食べられるのも人気の理由だ。軸から実が逸脱しにくいために輸送の際にも扱いやすく、単価も高いことから、流通・小売事業者にも高く評価されている。作付け・収穫が着実に増えており、特に山梨市では 2014 年の大雪を機に増えたという。

　「例年の積雪は多くて 60cm 程度です。それが、その年は 1m 以上もあり、築 30 年ほど経っていたビニールハウスがたくさん潰れました。当時のハウス栽培の主流はデラウェアで、巨峰とピオーネ、あとシャインマスカットが少々という程度だったのですが、ほぼ壊滅的な状態でした。そこに災害被害に対する国の補助が出て、7 割がた再建されることになり、『次に栽培するなら』と誰もが希望していたシャインマスカットを植えたのです」

　しかし、その多くが、初めてシャインマスカットのハウス栽培を経験するという人たちばかり。参考にできるデータも世の中にほとんどなく、JA から県の試験場に栽培基準を作って欲しいと要望したところ、県の試験場にも十分なデータが準備されていなかった。

　「試験場に指導を受け、24 時間温度を測るセンサーを購入し、データを取り始めたわけです。すると、温度管理によって出来がよい畑とそうでない畑が出てくる。その比較から最適な栽培基準を導き出すことを考えていたときに、IoT 導入試験についてのお話をいただき、これはもう渡りに船という気分でした」

■ IoT の監視のもと標準化された栽培法を厳守

　2017 年 2 月 24 日、山梨市、JA フルーツ山梨、シナプテック、NTT 東日本山梨支店の四者が合同で、「アグリイノベーション Lab@ 山梨市」プロジェクトを開始した。山梨市域をアグリイノベーションに資する「Lab」（試験圃場）

と位置づけ、地の利を活かした農業分野における先進都市として、IoT やバイオ技術などの成長分野に積極的に取り組む姿勢を内外に示すこと。それによって「持続可能な社会作り」やそれを担う「稼げる農業」の実現に向けた基盤を形成する取り組みを共同で行うというものだ。第1弾のプロジェクトの1つとして、同年4月に農業 IoT システムの実証・実験が開始された。

図表 3-2　シャインマスカットとトライアル農家の手島宏之氏

　その試験トライアル農家に選ばれた13軒のうちの1軒が、地域でも熟練農家として知られる手島宏之氏。シャインマスカットのほか、ピオーネや巨峰、甲斐路なども栽培している。サステナブルな栽培に関する関心も高く、県が認定する「エコファーマー」の称号を持ち、パソコンを用いて栽培情報を管理するなど、農業における ICT 導入に関しても積極的に進めてきた、言わばぶどう作りのスーパーエリートとも言える人だ。しかし、それほどまでの人が IoT による温度管理など、どのように活用するのだろうか。

　プロジェクトの施策で導入したのは、ごくシンプルな IoT システムだ。農家の圃場に温度、湿度、照度、土中水分量、土中温度、CO_2 濃度が計測できるセンサーとハウス内の様子を確認するためのネットワークカメラを設置し、Wi-Fi アクセスポイントを通じて収集したデータをクラウドに送る。さらに

JA フルーツ山梨が標準化した温湿度などの栽培基準を教師データとして照合し、異常値が出た場合は農家が持つ携帯電話とスマートフォンにアラートが届くというものだ。特に手島氏は温度管理に重宝しているという。

図表 3-3　ぶどう栽培の IoT システム構成イメージ

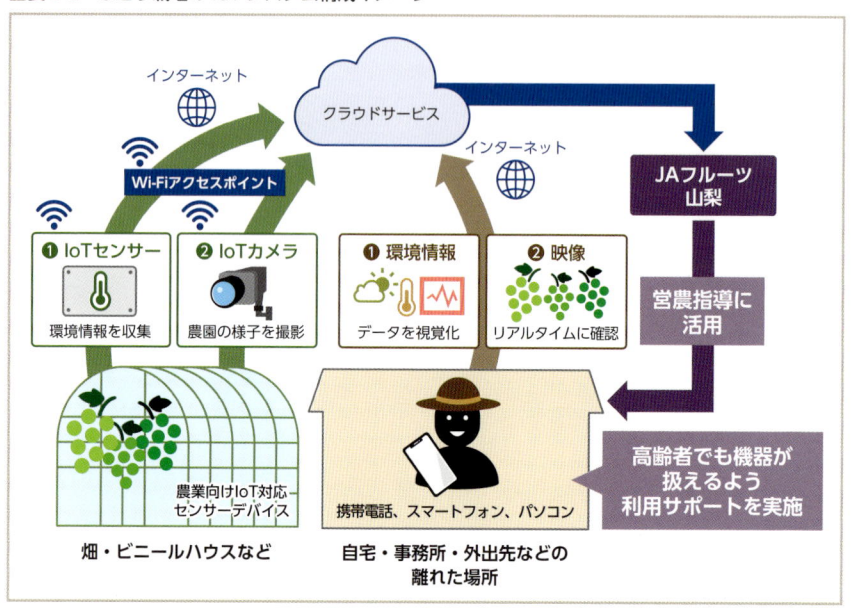

「例えば 6 〜 7 月は夕立が多く、実を雨に当てたくないので窓を閉めることが多いんです。するとハウス内の温度が急上昇して 35 度くらいになることがあります。気にして何度も現場に行くのはなかなか大変なこと。しかし、IoT システムが導入されたことで、アラートが届いたらカメラを確認して、必要だと思ったら行けばいい。以前より巡回する回数は減りましたが、その頃から温度管理を的確にできるようになりました」

その効果は、手島氏も含めたトライアル農家への聞き取り調査から、定期巡回作業の約 20％の省力化に繋がったことが分かっている。そして、まさに JA フルーツ山梨の中澤氏が課題としてあげていた〝ふかし〟対策そのものだ。実際に検証中にアラートを受け、命拾いをしたハウスもあるという。ある日、暑くなると自動的に窓が開くシステムを導入しているにもかかわらず、何度もスマホに高温注意の通知がある。怪訝に思って行ってみたところ、既存の照度計にたまたま鳥の糞が付いていて日光を感知できず、窓が開いていなかったとい

う。もし気づかないままでいたら、450万円もの大損害になっていた。

　ほかにも、早期出荷を行っている人は、オプションでCO_2の濃度監視センサーも活用しているという。ハウス栽培でも7月くらいの出荷が一般的だが、ハウス内を長く明るく保ち、そしてCO_2の濃度を高めることによって、早い人では4月くらいから収穫が可能になるのだという。センサーで濃度や照度を確認し不足の場合は、炭酸ガス発生装置から追加したり、ライトを補ったりすることで期待する時期にちょうど収穫ができるようになる。当然ながら、4月はまだほかの地域でもほとんどぶどうがない時期。収穫期を早めることで、付加価値のあるぶどうになるというわけだ。

　「現在使用中のメンバーはほぼ皆使いこなしていますよ。IoTについては、もともとJAや仲間内でも10年ほど前から話題になっていました。ほかの地域では、トマトやいちごで始まっているところもありますし、JAから話が来たときは『おお、やっと来たか』という感じでしたね。農業は勘と経験と言われていますが、基本的にはJAから栽培基準が届き、それにもとづいて栽培すれば一定のレベルには到達します。これまでの知見から一定の標準化が可能で、まずはそれにもとづく基準をいかにしっかりと守るかが大切というわけです。それをIoTが手助けしてくれるのは、本当にありがたいです」

🟩 熟練者のデータを収集し栽培基準を確立

　「栽培基準にもとづいてしっかり育てていくのが基本」と手島氏は語るが、そこは熟練農家として、もともと自分自身でもデータを収集・分析していた人だ。IoTシステムが入ったことでデータ活用熱にさらに拍車がかかったという。そんな手島さんが語るデータ活用のポイントは"仮説を立てること"だ。

　「栽培基準はこれまで私たちを含め、多くの栽培農家が取り組んできた叡智の結晶と言えます。それを尊重し、感謝はすれど、そこにはまだまだ改良の余地があるわけです。そこで、栽培基準には書かれていないけれど、『こうしてみたらよくなるのでは』という仮説を立てて実際にやってみるんです。そして結果をデータと突き合わせてみる。データを収集・分析することで因果関係が明確になりますし、それをエビデンスとして記録に残すことができる。仮説を立てるのは経験と勘かもしれませんが、それを"見える化"できるのはテクノロジーのおかげでしょう」

　JAフルーツ山梨としては、そうした熟練農家のデータを集めて栽培基準を策定し、共有する役割を担う。その中で大きな課題となっているのが、IoT

導入のきっかけともなった、ハウス栽培のシャインマスカットの栽培基準の確立だ。

　現在、山梨におけるシャインマスカットは露地栽培が大半を占める。露地物の生産量は全国 1 位を誇り、香り高く甘くて大粒、特徴であるパリッとした皮の硬さも申し分ない。しかし、ハウス物は露地物のない季節に出荷できるので、単価が高く取引されるというメリットがある。露地物が天候に大きく左右されるところ、ハウス物を栽培しておくことは有効なリスク分散にもなる。シャインマスカットでは岡山、長野とブランド競争を繰り広げている。切磋琢磨しながら露地物でもハウス物でも山梨のブランドを高めていきたいという。

　そのカギを握るのが「ハウス物の品質向上」なのだ。ハウス物のシャインマスカットには日本のすべての産地に共通して、その品質に若干の課題がある。それは露地物に比べて小粒気味で糖度がやや低め、皮が若干柔らかいということだ。山梨でこの改善ができると、ほかの産地と比べて品質面で頭一つ飛び出す形となり、ブランド力を高めることができるというわけだ。

図表 3-4　農業センサー

　「2016 年からデータを集め始めて 2 年目で、シャインマスカットの栽培基準は第 2 版になったばかりで、まだまだではあります。しかし、1 年目の数字を見て『若干湿度を低めにするといいのでは』というアドバイスを元に、ビニールをハウスの全面に敷いて湿度を下げる工夫をしてみたところ、改善されたところもありました。ほかにも『水を抑えるとパリッとした皮のハリが出る』『光の強弱に味が敏感に反応するので、甘くするには光がさらに必要』といった

様々な仮説が出てきて、その都度テストを行っています。糖度アップについては仮説そのものを模索中で、改善の道はまだまだ続くというところですが、現在参加いただいている方々はいずれも腕のよい方々ばかりなので、栽培基準の版を重ねながら、5年後くらいを目処に実現したいと思っています」と中澤氏は語る。その言葉どおり、一年を通しておいしいシャインマスカットが食べられる日は近いかもしれない。

■ 栽培したノウハウを共有し新規就農者へ継承

経験や勘に頼っていたぶどう栽培をデータを取得してエビデンスを得る。かつては、手島氏ら熟練農家が個々で行い、ノートなどに記入して保管してきた。そのデータは仲間同士アナログで共有されることは希にあるものの、多くは各人の手元で眠ってきた。それが今回のシステム導入により、各IoT機器からクラウドにデータが蓄積され、結果と照らし合わせることで最適な栽培方法を探るデータ基盤ができたことになる。現在はJA内での分析はもちろん、県の果樹試験場の協力を得てデータの検証を行い、最適な管理基準を策定しようとしているという。完成の目処はあと3年後。それをしっかりとIoTセンサーで管理しながら丁寧にトレースしていくことで、経験のない新規就農者でも一定レベル以上のぶどうを栽培できるというわけだ。

「野菜は年間数回の収穫がありますが、果樹は苗木を植えてから収穫までに数年間かかります。それだけに、経験のない人が最初からマニュアルもなく試行錯誤で栽培しようと思うとあまりにもリスクが大きすぎるでしょう。そこで、新規就農者に対して『標準化された栽培基準』を提供することで、1年目から時間を無駄にすることなく、スムーズに農家として収益を得られるくらいになるのではないか。そう期待しているわけです」

そう語る手島氏にとっては、自ら丹精した作物の生育データを提供することは、ノウハウを公開することとほぼ同意義だ。しかし、それによってぶどうの品質や収量が向上し、地域のブランド価値が高まること、そして新規就農者支援のための標準となることは「何よりの喜び」と語る。

「たとえ自分だけ日本一のぶどうが作れて儲かったとしても、山梨のぶどう自体が低い評価のままでは、地域はもちろん自分も幸せになれないでしょう。地域を支えるぶどうという農産物の品質向上やブランディングに貢献し、仲間とともに情報や知見を共有し、協力し合うこと。そうした方が断然大きな価値があるように思っています。もちろん、海外に流出されてしまうのは困

りますが（笑）、そこは山梨という地の利がありますからね。違う土地で同じようにしたからといって、まったく同じぶどうが穫れることはないはず。ぶどう作りに興味のある方は、ぜひ山梨に来て、私たちの輪に加わっていただきたいですね」

　現在、手島氏の農園では、ハート型をしためずらしい「マイハート」というぶどう品種も作り始めたという。基本的に収穫は夏だが、明るい赤に染まった大きな実は、クリスマスやバレンタインデーなどの冬のイベントにも好まれそうなかわいらしさだ。まだまだ研究中というが、ハウス栽培で冬にも収穫できるようになれば、大きな商機とすることができるだろう。もしかしたらマイハートの栽培基準作りや地域展開にも、今回の IoT システムが活用できるかもしれないのだ。

　名人には名人の IoT、新人には新人の IoT の活用メリットがあり、様々な使い方を模索しながらアジャイルで活用法を考え、実践していく。山梨市のぶどう作りはその好循環への第一歩を踏み出したと言えるだろう。

■ 露地や山あいでも IoT 活用を検証

　今回の IoT システムでは、IoT 機器としてセンサーと並行して、ネットワークカメラの導入があったことも先に紹介した。センサーで感知した異常に対して、まずはカメラで確認し、それから駆け付けるという手順にしたことで約20％の省力化に繋がったという。そして、単一機能のセンサーに対し、映像という多くの情報を取得できるカメラはとてもポテンシャルが高い。活用についてまだまだ工夫の余地があり、様々な可能性を模索しているところだという。

　まず期待されているのが、農作物の盗難抑止効果だ。山梨市では年に数件、農作物の盗難被害が報告されており、一晩で 100 万円相当の損害が出ることもあるという。また、野生鳥獣による被害も報告されており、IoT による解決ができないか検討されてきた。そこで、今回のトライアルでは、ネットワークカメラで異常を検知し、アラートを通知する仕組みを構築し、検証を行っている。不審者を察知すると、自動的にブザーが鳴り、光が点滅するほか、カメラのスピーカーを用いて呼びかけたり、ブザー音を鳴らして威嚇したりすることもできるという。その程度で盗難者が直ちに退避することはないかもしれないが、IoT カメラのシステムが入っていると認知されることで抑止効果は大いにあると期待されている。

図表 3-5　ネットワークカメラで不審者を察知 [1]

しかし、盗難はともかく、鳥獣被害は山あいに近い露地でこそ多い。露地では電源がなく、風雨の影響もある。ネットワークカメラの設置・運用には新しい手法が必要となる。

そうしたことを想定し、「アグリイノベーション Lab@ 山梨市」では、さらに電源を引けないような露地や山あいの圃場でも IoT を活用できるよう、省電力で長距離での通信可能なネットワークシステム「LPWA」を活用した IoT の導入も検証が行われているという。

---

[1]　写真の背景はイメージ映像です。実際の設置場所の写真とは異なります。

図表 3-6　Wi-Fi でデータを送信

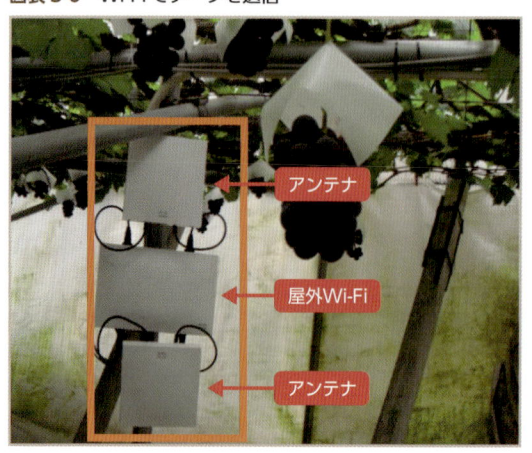

　センサーやカメラで情報を取得してクラウドに格納するというこの IoT システムは、NTT 東日本が正式なサービスとしてすでに提供を開始している。特に多くの農業に役に立つ温度、湿度、照度、土中水分量、土中温度などの測定センサーと屋外アクセスポイントの組合せからなる「おてがる IoT」は、専門的な知識がなくとも導入設置が容易にでき、電話で問い合わせられるサポートデスクも完備されている。今後は一般農家への普及が期待されている。

まとめ

課題

- 少子高齢化にともなう労働力不足を解消し後継者を育てたい
- ビニールハウスの開け忘れによる"ふかし"を防ぎたい
- ハウスのシャインマスカットを品質向上し、地域のブランド向上を図りたい

導入

- 農家の圃場に温度、湿度、照度、土中水分量、土中温度、CO_2 濃度のセンサーとネットワークカメラを設置し、ビニールハウスの"ふかし"などの事故を防ぐ
- 設定した値を超え、異常値が出るとアラートを出す仕組み
- Wi-Fi を通じてクラウドに送り、データを蓄積・分析し栽培に活かす

効果

- IoT センサーにより"ふかし"を防ぐとともに、ハウスの巡回回数が 20％減り温度管理が的確にできるようになった
- データを蓄積し栽培基準にもとづくことで品質を向上
- 栽培の標準化により新規就農者でも収益を得られる仕組みづくり

インタビュー

労働力不足などの問題を解決しながら"儲かる農業""魅力ある農業"へ地域のぶどう作り全体の価値向上

中澤 昭（なかざわ あきら）氏
JA フルーツ山梨
代表理事 組合長

—— IoT の導入を通じて実現しようとしたことについてお話しください。

　はじめは「温度管理のミスをなくす」という基本的な問題の解決と人手の省力化が起点でしたが、シャインマスカットのハウス栽培の管理基準の策定や、熟練農家のノウハウの可視化による技術の継承など、IoT が実現する可能性を実感しつつあります。

　それらを総じてシンプルに言えば"儲かる農業"へと転換させることでしょうか。労働力不足や高齢化による問題を解決しながら、産業としての魅力を高

めることが大切だと考えています。IoT の導入を通じて安定栽培や業務の省力化を実現すれば、既存農家の負担を減らし、1 人あたり管理できる圃場が増えるでしょう。長い目で見れば、耕作放棄地の問題についても解決の端緒となるかもしれません。また、勘や経験に頼る栽培から、データによって知見を可視化することで収益性の高い作物の栽培基準を確立し、それを提供することで、後継者への承継が可能になり、新規参入の障壁が低くなるでしょう。

　本来、農業はとても面白い仕事です。労働負荷が軽減され、さらに収益性が高くなれば、若い世代にも魅力のある仕事として認識されるものと考えています。

—— 最初に 13 人のトライアルからスタートして、様々な検証をされたと伺います。失敗も含め、裏側について教えてください。

　最初は露地の畑にも導入していたのですが、そもそも広くて、すでに温湿度、風向、風力、雨量が測れるミニ気象台が 3 つ入っていたこともあり、私たちが目指す目的に対してセンサーがあまり有効ではないことが分かりました。露地の圃場は広く天候の影響を受けるので、細かく監視しても意味がないし、コントロールもできないんですよね。霜対策に活用できるかとも考えたのですが、今年は霜が降りず、効果は未確認です。その中で、やはり栽培環境を細かく検知し、コントロールができるハウス栽培に向いていることが分かり、中でも管理の手間がかかる「高付加価値果樹のハウス栽培」に適していると判断しました。そこで現在は、教師データを取るつもりでハウス栽培の熟練者に協力をお願いしています。

　ここでも導入して分かったのですが、仮説を立てて検証することに邁進する人、管理のための効率化を図っていく人など、使い方もそれぞれでした。今回は熟練農家の方々に導入していますが、さらに新規就農者や新しい作物に挑戦しようという農家は異なる使い方をするでしょう。ニーズが異なる農家の IoT を上手く連携させ、前述したような技術の共有や支援などを実現させて、地域のぶどう作り全体の価値向上に繋げる。それが JA の仕事だと改めて感じています。

—— ほかに JA として IoT システムを活用していきたいことは何でしょうか。

　中長期的にはたくさんあるのですが、実は NTT 東日本の担当者から、ほかの地域の取り組みとして伺って、うちにはない発想だったと感心したことが

1つあります。その地域の JA さんは IoT カメラをハウス内に取り付け、その映像データを取引先・バイヤーに見せて「今こんな状態だから6月には出荷できます」というように、商談を進めているというんですね。確かに言葉や写真で見せるより根拠が強いし、"今"の状態を知ってもらえる。ぜひ、うちでもそうした商談や農家支援ができるようになりたいと思いました。

　正直に言うと、これまで自分たちの頭の中には、今回導入した IoT システムは「農家が利用するもの」という、どこか思い込みがあったように思います。しかし、IoT はアイディアや使い方によって様々な可能性があり、私たちの仕事の可能性を広げてくれるものと、改めて実感しました。

　そして、私たちが支援する栽培作物はぶどう以外にも、桃や柿などもあり、それぞれの課題があります。NTT 東日本はすでに桃でのテストもされていると聞きますし、ほかの事例も数多くご存知でしょう。ほかのステークホルダーも色々な課題やアイディアを抱えていると思います。そうした皆さんと交流しながら、ぶどうについてはさらに深掘りし、ほかの果物についても有効な使い方や可能性について見出し、実現させていきたいと考えています。

第4章

IoT活用で果樹園の凍霜害防止作業を軽減

JA ふくしま未来

果樹園の凍霜被害防止に
IoT を活用
60 名の監視を大幅に削減

JA ふくしま未来

　福島県北地域の 4 つの JA が合併して 2016 年 3 月に生まれたふくしま未来農業協同組合では、凍霜害対策のための気温計測にかかる負担を軽減するため、NTT 東日本の圃場センシングソリューションである「e センシング Forアグリ」を導入した。そこにはどのような意図があったのか、北福島営農センター長の今野文治氏は、長年の懸案をやっと解決できたと述べる。

ふくしま未来農業協同組合

業種	農業協同組合
事業内容	生産者に対する営農・生活指導事業、経済事業、信用事業、共済事業、厚生事業など
事業所	本店：福島県福島市
組合員数	約 1,900 人 (2017 年 10 月現在)

■ 凍霜被害を防ぐため約 60 名が徹夜で対応

　福島県北地域を南北に縦断する阿武隈川。その流域の盆地は、全国有数の果樹地帯となっている。さらに海に面する相馬地域は太平洋と阿武隈高地に囲まれた温暖な気候で、平坦部は水稲、山間部では畜産が盛んだ。この福島県の県北地域と相馬地域の 12 市町村が広域 JA ふくしま未来農業協同組合（以下、JA ふくしま未来）の管内である。

　この JA ふくしま未来管内の桃、りんご、梨、ぶどうなど果樹の生産において大きな問題となっていたのは開花時期に発生する凍霜害だ。特に県北地域ではこの被害が深刻で、「凍害、霜害が発生すれば、ただ一度の降霜でも壊滅的な影響を受け、売上の 80％が失われるといったこともあります」と話すのは JA ふくしま未来の今野文治氏である。

　この凍霜害を防ぐには、各圃場で気温を計測し、危険な温度になれば霜が降りないように様々な対策を講じる必要がある。ここで課題になっていたのは気温の計測だったという。

　「凍霜害はわずかな気温の低下で発生してしまいます。そのため果樹の開花を迎える毎年 4 月に防霜対策本部を設置し、気象庁から霜注意報が発令されると職員や生産者約 60 名が計測に出向き、その箇所の温度を夜明けまで計測しました。その上で危険が迫っていると判断すれば、直ちに生産者の方々に知らせるのです」

　霜害を防ぐ方法はいくつかある。例えば防霜ファンだ。これは大型の送風機であり、金属ポールやコンクリート柱を使って高い位置に取り付けられる。霜が発生しそうになったとき、防霜ファンを回転させて上空にある暖気層の空気を地面近くの冷気層に送り込み、空気を循環させることで温度を上げるという仕組みである。ただ今野氏は「マイナス 6 度くらいになると凍害になり、凍ってしまうんですね。そうなると防霜ファンでは対応できないんです」と話す。

　そのため行われるのが、果樹園内で燃焼材を燃やして空気を対流させ、温度を上げるという方法である。これによって降霜を防ぐのだが、凍霜害が発生するかどうかが明確でないのにいたずらに燃焼材を燃やすわけにはいかない。相当のコストがかかってしまうからだ。

　JA ふくしま未来が管轄するエリアは広く、果樹園だけでも相当な面積がある。さらにわずかな気温の低下で凍霜害は発生するため、夜明けまで定期的に温度を計測し、少しの変化も見逃すことなく監視し続けなければならない。こ

うした計測作業は過去 50 年間近く続けられてきたが、その人的負担は極めて大きかった。

　「JA ふくしま未来の職員は、今日対応すると次は 1 週間後といった当番制で対応できます。しかし場所によっては生産者の方に協力をお願いすることがあり、気象条件が厳しいときには連日連夜の対応となることもあります。こうなると、日中の農作業があるので限界があります。これは大きな課題として認識していて、何かいい方法はないかと模索していました」

図表 4-1　果樹の開花時期に発生する凍霜害が大きな問題

▣ 気温計測の 2 つの課題を解決

　こうした負担を軽減するため、JA ふくしま未来では、温度計測を自動化する試験を過去に実施した。

　「気温を計測し、その結果をデータベースに格納するという試験を過去に実施しました。凍霜被害を防ぐための温度計測は精度が極めて重要であるため、高価な温度計を使用しました。また、圃場に電気が来ていないためバッテリー電源が必要で、そうなるとこの交換も行わなければなりません。こうして温度を計測し、携帯通信網を使って計測したデータをデータベースに格納するとい

う仕組みでした。試験としては成功でしたが、コスト的な問題などもあって実用化には至りませんでした」

このような状況の中、果樹の防霜対策に関する記事が新聞に掲載されたことがきっかけで、NTT 東日本から「圃場センシングソリューション」の提案があった。ただし、当時はまだ開発段階で、現地テストを行っているフェーズであり、完成したものではなかった。今野氏は、「サービスとして完成したらもう一度紹介ください」と NTT 東日本の担当者に伝えた。

「e センシング For アグリ」としてサービス化されたタイミングで改めてNTT 東日本から紹介され、2016 年 8 月にフィールドテストを実施した。霜害が発生する時期ではなかったが、適切に温度を計測して管理できるのかを検証した。

「結果は問題ありませんでした。農薬散布や風雨に耐えられるのかといったことを 5 カ所でトライアルし、問題なく稼働できることを確認することができました」

そして、JA ふくしま未来は e センシング For アグリの導入を決定し、福島地区全域を対象にシステムを構築し、2017 年 3 月に本格運用を開始した。

こうして e センシング For アグリが採用となったが、そのポイントは以前の温度計測の自動化の試験で課題となった点がクリアされたことだ。

まずシステムを動かすのに必要な電力だが、以前の試験はバッテリーが使われており、定期的に交換する必要があった。温度を計測するエリアは広く、数十カ所にバッテリーを配置する必要があり、その交換には相応の労力がかかってしまう。しかし e センシング For アグリは小型太陽光パネルを使用して電力を供給するため、バッテリーを使わなくてもセンサーや無線通信機器を稼働することができる。これにより、バッテリー交換作業は必要ない。

2 番目は、低消費電力でキロメートル単位の広い領域を対象にできる無線通信技術の LPWA を使って通信を行う点である。これも大きな利点となっている。高価な携帯通信を使う必要がなく、ランニングコストを抑えられるのだ。

図表 4-2　e センシング For アグリの圃場側装置

🟩 IoT の活用により迅速な判断と対応が可能に

　具体的なシステム構成はこうだ。圃場には温湿度センサーと照度センサー、そして LPWA の送信機が設置されている。各センサーで取得したデータは送信機を介して LPWA でいくつかの拠点に送信される。そして、データはインターネット経由で NTT 東日本のオンラインストレージサービスに蓄積されるという流れだ。

　センサーが設置された観測地点は全部で 37 カ所あり、LPWA で送られてきたデータを受信してオンラインストレージに伝送する拠点は 18 カ所となって

いる。計測は 15 分ごとに行われ、異常な温度変化を検知するとシステムから
JA ふくしま未来にメールが届く。それを受け、約 2300 戸の生産者に向けて警
告や技術指導が行われる。さらに一部のセンシングデータについては、JA ふ
くしま未来のホームページにも掲載される。生産者はこの内容をパソコンやス
マートフォンで確認することが可能であり、自主的に防霜対策を行えるように
なっている。

図表 4-3　凍霜害防止システムの構成イメージ

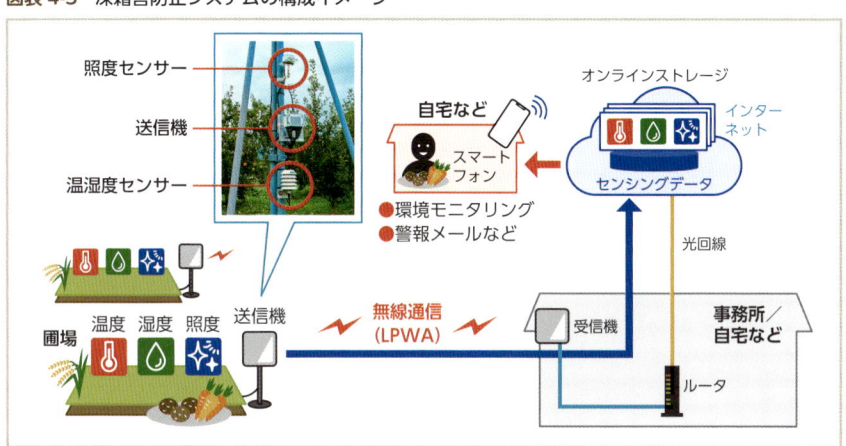

　導入した効果は極めて大きかった。従来は約 60 名の JA 職員や生産者が夜
を徹して気温を測っていた。その期間は 20 日にも及んでいたが、現在ではわ
ずか 3 名の職員の対応で済んでおり、夜を徹した計測作業もゼロとなった。な
お e センシング For アグリを導入した後、生産者が気温の計測にかかわるこ
ともなくなっている。これにより、職員や生産者の負担は大幅に減ったと今野
氏は語る。

　リアルタイムで温度を確認できるようになったことのメリットも大きかっ
た。

　「以前は計測に使う温度計は、正しい温度を表示するかどうか、いちいち精
度の確認を行った上で 1 つずつ現地に設置していました。50 以上の拠点で計
測していたので、いつ設置するのか、いつから観測を始めるのかというスケ
ジュールを立て、4 月から観測を実施することになっています。ただ今年はた
またま 3 月 30 日に霜注意報が発令されました。その日、e センシング For ア
グリで温度を見ると、夕方の時点で 5 度〜 6 度と低く危険な状態だったため、

急遽観測態勢を整えることにしました。従来であれば温度計を配布し、すべての設置を終えなければ温度の観測はできませんでしたが、今は自動でデータをチェックでき、その場で『今日は危ないから観測しよう』と判断ができる。このように素早く判断ができることは非常に大きいメリットです」

図表 4-4　LPWA でデータを送信

🔲 蓄積された知見とテクノロジーの融合がポイント

　従来使っていた温度計と、今回導入したセンサーの温度では、システムの違いで誤差があるという。今野氏は今後はセンサーが取得した温度を基準として判断していくことが重要だと話す。

　人の感覚による判断が不要になったわけでもない。

　「昔は危険温度になると現場に行っていました。それで温度計を確認し、併せて草に触れ、草から水分が出ているかを確認します。草が濡れていれば降霜のタイミングが判断できます。しかし、今度は現場に行くことなくセンサーが取得した値を見て判断できるようになりました。温度が下がると湿度は上がり、その比率が燃焼判断に重要です。私たちのように昔から現場を見てきた人間と、これから指導員として活躍する人間では、知識や経験に差ができてしまいます。それは自動化にともなう弊害で、それを埋めなくてはいけないし、こ

れから遠隔で判断できるようになっても、現場を見ることの重要性を伝えることが私たちの責任です」

　IoT は大きなメリットをもたらすが、農業は人が思うように進まないことも多く、現場での知識や経験は必要不可欠であることに変わりはない。IoT の活用によって生まれたメリットを最大限に享受しつつ、先人が築き上げてきた技術やノウハウを伝承する取り組みも必要だろう。

図表 4-5　温湿度センサーと照度センサーでデータを取得

🟩 データの蓄積を継続して活用範囲の拡大を図る

　導入した e センシング For アグリでは、温度と湿度、照度のデータを取得できる。このデータを直接の凍霜害の防止以外の領域で活用することも検討されている。その１つの例としてあげられたのが将来予測である。

　「2018 年は気温は高かったのですが、湿度がなく、乾燥していて暑いという状態でした。それで今年の果物を見ると、おいしいんだけれど小ぶりだった。やはり気温や照度、湿度に影響されるのです。このような予測をセンサーのデータを使って実現できないかと考えています。例えば虫とか病気であれば、『こういった気象条件が続くとこうなりやすい。なので今の段階でこういった農薬を使いませんか』といったことを伝える。最終的にはそういったこともで

きるんじゃないかと思います。ただ、そのためには相当な期間の観測データが必要で、まずはデータを貯めていくことが必要だと思っています」

さらに今野氏は、生産者への営農指導にも使えるのではないかと話す。

「センサーで取得したデータを確認し、自分の知識として蓄える。それで同じような状況が発生したときに、指導内容を裏付けるためのデータとして活用していく。ただ、そういったことを考えていくと温湿度と照度センサーだけでなく、雨量や土壌水分のセンサーがあってもいいのかもしれません。ただ、どちらにしてもビッグデータは重要になると考えていますし、そういうフェーズに来ているのでしょう。そして次に AI が来て、取得したデータを AI で評価し、それがフィードバックされるといった形が理想です」

また直近では、今回導入した福島地区以外の、管内の他地域（伊達地区、そうま地区、安達地区）への展開も検討されている。さらに気温だけでなく、気温や湿度のデータも収集・分析することによって防霜対策の精度の向上も目指されている。果樹だけでなく、水稲やハウス栽培など、多様な用途への適用も検討されており、「多くの生産者の負担軽減を図り、さらなる生産性向上に期待したい」と今野氏は展望を述べる。

農業の領域における IoT の活用はまだ始まったばかりだが、適切に使うことで大きな効果を生み出すことは間違いない。今後データの蓄積がさらに進み、AI などといった技術と組み合わせられれば、さらなる大きな成果を生み出すことになるだろう。

まとめ

課題

- 果樹園の凍霜被害防止のために必要な温度計測作業に伴う職員や生産者の負担を軽減したい
- 従来の温度計測でネックとなっていた電源の確保や通信環境の課題に対処し、自動計測環境を整備したい
- 先人が築いてきた果樹栽培の技術やノウハウを継承したい

導入

- e センシング For アグリを導入し温度計測の自動化を実現する
- バッテリー交換が不要で省電力の LPWA を導入、通信コストも大幅削減する
- オンラインストレージサービスの利用でデータを蓄積する

効果

- 温度計測の自動化が実現され、温度計測の人員が 60 名から 3 名になり、負担を大幅に軽減できた
- リアルタイムで温度を計測し、組合と生産者にメールが届くようになり、凍霜害防止のための資材を適切なタイミングで投入できることで、コスト削減と生産の安定化が図れた
- データを蓄積し果樹栽培の向上に活用する道筋ができた

危険温度を瞬時に察知でき
凍霜への対策判断がぐっと早められた

今野 文治 (こんの ふみはる) 氏
ふくしま未来農業協同組合
北福島営農センター センター長

—— IoT を活用しようと考えられた経緯について教えてください。

　福島市内の農家だけでも年間数億円の損害が生じることもあるほど、果樹栽培における開花時期の凍霜害がもたらす被害は甚大です。そこで果樹園の温度を計測し、危険温度に達する前に燃焼材を燃やし、空気を対流させることで降霜を防いでいます。

　従来は果樹の開花時期を迎える毎年 4 月になると防霜対策本部を設置し、約 60 名の職員と生産者が夜を徹して 30 分から 1 時間おきに温度を観測し、危険な状態であれば携帯電話やスマートフォンでお知らせしていました。

　ただ生産者の方々の高齢化が進んでおり、こうした作業に対応する負担は極めて大きなものとなっています。また JA ふくしま未来の職員についても、徹夜で待機して観測することには自ずと限界があります。以前から自動化に向けた検討は進められていました。

　過去には観測の自動化に向けた試験を行っています。ただデータを送信するために利用する携帯通信のコスト、センサーなどを動かすためのバッテリーの交換などの負担がありました。試験自体は成功しましたが、諸条件が熟していなかったため、実際の活用にまでは至りませんでした。

—— その後 e センシング For アグリを導入されたわけですが、それによってどのようなメリットが生まれたのでしょうか。

　これまで約 60 名の人員を割いて温度の観測などを行っていましたが、現在は JA ふくしま未来の 3 名の職員で対応できるようになり、生産者の方々に負担をかけることもなくなりました。

　また導入効果という意味では、リアルタイムで温度を把握して必要な判断が行えるようになったことも大きいと考えています。実は今年の 3 月 30 日に霜注意報が発令されたのですが、従来であれば温度計をすべて設置した上で、その場まで行かなければ温度を把握することはできませんでしたが、e センシング For アグリを導入したことで、自動でデータを取得することができ、その場で「今日は霜が降りそうだ。危ないから慎重に観測しよう」といった判断ができました。現場に行かないと見えなかった情報が瞬時に確認できるので、判断は圧倒的に速くなります。以前であれば 2 時間、3 時間後に判断していたことが今すぐできるので、これは大きく違う点です。

—— 現状は e センシング For アグリのデータを職員の方が見て、その上で降霜対策を行うかどうかを決定されているとのことですが、その判断まで含めてシステム化することは難しいのでしょうか。

　難しいですね。花がつぼみのとき、ちょっと膨らんだとき、花が見えてきたときと、ステージごとに危険温度が違うんですね。それに標高差があれば、それによって生育ステージは変わり、果樹の種類によっても異なります。このようにパラメータがたくさんあるため、システムで自動で判断するのは難しいでしょう。

　そして判断が難しい局面もあります。燃焼材を購入するには当然費用が発生

し、利用する回数や対象とする圃場が広くなればそれだけコストが増加します。可能であれば燃焼材を使わずに済ませたい面もあり、その限界を見極めるといったことも求められるため、機械的に判断するのは難しいのです。

　自動化したメリットは確実にあり、それを考えると e センシング For アグリの導入効果は大きかったと考えています。

第 5 章

鶏舎の温度管理に IoT
昼夜の心理的負担を軽減

有限会社中村養鶏場

IoT センサーで
鶏舎内の温湿度を管理
健康な鶏で安価な卵を食卓へ

有限会社中村養鶏場

　日々の食生活に欠かせない食材、卵。その卵を生産する鶏卵業を霞ヶ浦近くの茨城県小美玉市で約 50 年前から営んでいるのが中村養鶏場だ。同社のウインドレス鶏舎は、その名のとおり密閉型の鶏舎で、温度や湿度、光（照明）、えさなどの管理を自動で行っている。鶏舎内の温度や湿度を IoT センサーで収集し、異常を感知したらメールで通知する仕組みを構築した。「物価の優等生、卵」を安全に安定して生産するシステムが動いている。

プロフィール

有限会社中村養鶏場

所在地	茨城県小美玉市
事業	鶏の採卵事業
法人化	1981 年

卵は日常の食卓に欠かせない食品

　目玉焼きやたまご焼き、ゆでたまご、オムレツ、茶碗蒸し……。日本人の食卓に上る回数が最も多い食品と言っても過言ではない卵。それを表すように日本人1人が1年間に消費する消費量は333個。「これは世界でもトップ3に入る消費量です」と、卵の生産量日本一を誇る茨城県で、約50年前より鶏卵産業を営んでいる中村養鶏場 代表取締役の中村強社長は誇らしげに語る。この数字だけ見ると週に6日以上、ほぼ食べている計算になる。「そんなに食べていない」と思うかもしれないが、先にあげた卵料理だけではなく、マヨネーズをはじめ、パン、ケーキ、ハム、ソーセージ、かまぼこやちくわなどの原料にも卵が用いられているからだ。

　一時期、卵を摂取するとコレステロールが増え、健康によくないということが言われ、卵の消費量が減ったこともあるが、2015年に厚生労働省から出された「日本人の食事摂取基準」で、卵の摂取量と脳卒中や心臓病などの疾病との関連が認められないと結論づけられた。むしろ今では1日2個の卵を食べることが推奨されているほど。なぜなら、卵は完全栄養食と言われるように、私たちの身体に必要な栄養素を含んでおり、1日に2個食べると、成人が1日に必要なたんぱく質の3割以上を摂取できるからだ。

図表5-1　産み落とされた卵は集卵ベルトに乗って運ばれる

　そんな優秀な食材にもかかわらず、物価の優等生と言われるとおり、ここ30年間、価格は1個あたり15円〜20円という安価なのも嬉しい。もちろん、プレミアムな卵も最近では人気を集めている。しかしこのような手頃な値段で食べられるのは、「私たちのような生産業者が積極的に機械化を取り入れて合理化してきたため」と中村社長は語る。鶏卵産業は畜産業の中でも最も合理化が進んでいる分野なのだ。

　現在の養鶏業界の市場規模は5500億〜6000億円。1人1日2個を推奨しているとはいえ、これからそれほど飛躍的に大きくなるとは期待できない。というのも卵の消費個数は人口と比例するからだ。つまり、人口が減少していく日本においては、市場規模の成長も期待できない。しかも加工原料向けに、中国など海外から安い卵が入ってきている。そのため「鶏卵生産者は年々減少している」と中村社長は明かす。

　日本養鶏協会の統計によると、採卵鶏の平均飼養戸数は2200戸と前年に比べ150戸減少している。その一方で、成鶏めす羽数は1億3903万6000羽と昨年よりも約300万羽増えている。鶏卵生産者の大型化が進展しているのである。

　鶏卵が市場に届くまでのプロセスは「種卵の生産・ふ化」→「雛育成」→「成鶏飼養・採卵」→「選別・パッキング」→「流通（市場）」となる。例えば中村養鶏場の場合は、成鶏飼養・採卵のみを行っている。ごく一部の大規模生産者はこの一連のプロセスをすべて自社で賄っているが、そういう企業を除いてほとんどの企業が、中村養鶏場と同じ形態を取っている。中村養鶏場で飼養している鶏は17万5000羽と、統計上は大規模の部類に入る。しかし、国内最大手の企業は、その100倍近くの鶏を飼養。また先のプロセスのすべてを自社グループで賄うという戦略を採っている。

　1日に卵を産む鶏の比率である産卵率は普通70〜80％。中村養鶏場の場合は1日あたりの出荷量は12万2500個〜14万個に上る。先に紹介した最大手の場合は、この100倍近い卵を出荷するという。「この業界は大規模生産者による寡占化が進んでいます。私たちのような生産者が生き残っていくためには、いかに効率的に良い鶏を育て、おいしい卵を産んでもらえる環境を整備していくかです。そうしないと生き残っていけません」（中村社長）

◻ 卵は工業製品のように機械化が進んでいる

　中村養鶏場のある茨城県小美玉市は、県の中央部に位置する人口5万人の自然豊かな街だ。茨城県の主要産業は農業となっており、小美玉市ではレンコン

やニラの栽培が盛んに行われている。そんなのどかな市の東部には民間空港（茨城空港）を併設した航空自衛隊百里基地が広がる。

　中村養鶏場では17万5000羽の鶏をウインドレス鶏舎と呼ばれる、自然光を遮断し、温度、湿度、光（照明）を機械で調節する窓のない閉鎖型の断熱構造の鶏舎3棟と開放型の高床式鶏舎2棟の計5棟で飼養している。高床式鶏舎とは2階建て構造で2階に鶏を飼養するケージを設置し、1階に糞を落として堆積させる構造だ。

　ウインドレス鶏舎はヨーロッパで発展してきたという。鶏は日照時間が少なくなると、産卵しなくなる傾向がある。夏と冬で日照時間に大きな差があるヨーロッパでは、1年中平均して産卵させるために、日光を遮断して人工的に光を調整するウインドレス鶏舎をいち早く取り入れたのだという。養鶏分野においてはヨーロッパが最先端を走っているという。ちなみに中村養鶏場のウインドレス鶏舎もドイツ製だ。

図表 5-2　ウインドレス鶏舎では高密度な状態でも鶏を健康に飼える

　技術革新が進んでいるのは鶏舎だけではない。最新型のウインドレス鶏舎であれば、給餌や給水、集卵、除糞などもすべて自動で行えるようになっている。養鶏業の技術革新は、設備面に留まらない。「育種の改良も進んでいる」と中村社長。「もっと多く卵を産む鶏が欲しい」、「産卵持続性を高めて欲しい」など、生産者や消費者の要望に合わせて育種改良が行われているのだ。

　最新のウインドレス鶏舎を訪ねてみると、まさしく卵の生産工場というイメージだ。毎朝 5 時〜 6 時に電気が付き、鶏の 1 日が始まる。産み落とされた卵は集卵ベルトに乗って運ばれていく。えさも自動化されているので、ほぼ、人手を介さずに卵が生産されていくというわけだ。もちろん、鶏が健康か状態をチェックしたり、集荷した卵をエッグトレーに入れて出荷の準備をしたり、鶏糞の処理をしたり、ケージを消毒したりというのはすべて人が行っている。ウインドレス鶏舎の場合、1 つのケージで飼養する鶏は 7 羽。かなり高密度な状態でも健康に飼えるのが特長でもあるが、「具合の悪い鶏がいると、その鶏にひっかかって、ほかの鶏が産んだ卵が集卵ベルトに落ちてこないんです。そんな状況が起こらないように、毎日の見回りは欠かせません」（中村部長）

図表 5-3　卵をエッグトレーに入れて出荷の準備をする

　中村社長が約50年前に養鶏をスタートさせたとき、飼養羽数は5000羽だったという。それから約50年で17万5000羽まで生産が拡大している。だが、「経営はずっと順調にきたわけではない」と中村社長。最大の危機だったのが、2005年に茨城県下で鳥インフルエンザが発生したことである。「私たちの鶏舎で鳥インフルエンザに感染した鶏を出したわけではありません。ですが感染が確認された周辺の農場はすべて抗体検査が実施され、当時飼養していた鶏はすべて処分となりました」(中村社長)

　その後1年間は養鶏事業が営むことができないのである。しかも1年が経ち、新たに養鶏事業を始めても、販売ルートが変わってしまったこと、さらには風評被害もあり、なかなか事業が軌道に乗らなかったという。そんな苦難を乗り越え、現在は大口の取引先に安定して出荷する状態に漕ぎ着けた。安定して良質ということで評判もよいという。各卵に記載されている賞味期限は、あくまで安心して生食できる期限。「卵は意外にも日持ちのよい食品。賞味期限が過ぎても加熱調理すれば、おいしく安全に食べることができるんですよ」(中村社長)

◘ 最大の課題は健康な鶏に最適な環境を維持すること

　生き残りのための競争が激しい養鶏事業において、一番の課題になっているのが、ウインドレス鶏舎の運行を支えている機器の管理だ。いかにコストをかけることなく、養鶏に必要な機器を適切に管理し、鶏にとって最適な環境を維持するかである。これによって鶏の健康状態や産卵率が大きく変わってくるからだ。

　今、中村養鶏場の主力となっているウインドレス鶏舎は、先述したように閉鎖式で空調はすべて機械で管理されている。

　「機械が故障し空調が効かなくなると、鶏舎内の室温が上がり、空気もよどみます。35度にも達すると、約30分で鶏は死んでしまいます。もちろんそれを防ぐため、異常な温度になると警報が鳴るシステムは導入していましたが、自衛隊基地が近くにあり、自宅に防音対策を施してあるので、夜間、寝てしまうと警報に気づかないことだってないとは限りません。また夏場は外気温が高くなるので、どうしても鶏舎の温度が気になり、何度も見回りに行くなど人的、心理的負担が大きくなっていました。そこでもっと手軽に機器の管理ができ、リスクが減らせる仕組みがあればいいなと、ずっと考えていたのです」(中村社長)

中村社長と部長の自宅兼事務所は、養鶏場の敷地内にある。その事務所の近くに警報器が設置されているのだが、それなりの大きさの音で警報が鳴るため、養鶏場周辺の住民の近所迷惑になっているのではという懸念もあったという。

図表 5-4　異常な温度になると警報器が鳴るが、懸念もあった

2018 年の夏に向け、中村養鶏場では 1 棟新たにウインドレス鶏舎の増設を予定していた。今年の夏は猛暑が予想されていることから、「機器を管理する仕組みを作るのなら今なのでは」と考えていた中村社長のところに、ビジネスフォンやインターネット光回線など、中村養鶏場の通信インフラの敷設を担ってきた NTT 東日本の担当者が訪ねてきたという。「IoT センサーで温度や湿度などの環境情報を収集し、事前に設定した値を超えて異常を感知したらメールで通知してくれる農業向け IoT というサービスを紹介してくれたのです。すでに警報システムは導入しているため、大きなコストはかけられません。ですが、この仕組みなら、従来のシステムと両稼働で、安価に鶏舎内の温度・湿度管理の二重化が実現できると考えました」（中村社長）

農業向け IoT サービスは、IoT センサーで畑や建物の温度や湿度などのデータを収集するだけでなく、屋外設置も可能なネットワークカメラで、農場などの様子を映像で把握できるサービスも提供している。そこで全体のシステムは、事務所に引き込んで光回線にルータを接続し、そこに　① IoT センサーのデータを受信する LPWA 受信機を設置、② ネットワークカメラの映像デー

タを受信する Wi-Fi アクセスポイントを設置する、という構成となった（図表5-8）。このサービスは365日サポートが提供されるため、IT に詳しい人がいなくても容易に導入できる。中村養鶏場のような IT 専任者がいない企業にとってはもってこいのサービスである。

「話を聞いたのは今年の5月か6月。即決し、新しい鶏舎が夏に向けて完成するので、それに併せて導入することに決めました」（中村社長）

温湿度管理を二重化する仕組みを構築するため、IoT センサーは、新設された鶏舎だけではなく、既設のウインドレス鶏舎2棟にも設置することとなった。中村養鶏場のウインドレス鶏舎の大きさは間口10メートル、奥行き70メートル。その真ん中を分厚い鉄の板で仕切って2部屋に分け、鶏を飼養している。そこで各部屋、手前と奥から20メートルの2カ所に IoT センサーを設置した（図表5-8）。送信機は各鶏舎の手前と奥の外壁、受信機は事務所の外壁に設置した（図表5-6）。センサーが取得したデータの送信には、LPWA という省電力で遠距離通信を実現する無線通信方式を採用している。LPWA は、温度の計測値データのような少ないデータ量の通信に適した無線技術で、通信料がかからない上に、農場など一定の広さを持つ敷地でも電波が届くので、今回の条件にはうってつけと言える。温度センサーから送られたデータは、LPWA 受信機で受けサーバーにいったん蓄積された後、光回線を経由してインターネットに送られる。

図表 5-5　鶏舎内の温湿度センサー（緑色のネットは保護用）

　送信機を外部に設置したのには理由がある。送信機には太陽光パネルが取り付けられており、電源を供給することなく送信できるようになっている。電源コンセントの位置の制約を受けず最適な場所に設置でき、さらにデータの送信に電気代もかからないというわけだ。

　機械化が進むにつれ、合理化は図られるものの、中村養鶏場の電気代は年々嵩んでいるという。「夏場の電気代は 1 ヶ月 170 万円にも上ります。冬は半減しますが、より電気代がかからないような工夫は欠かせません」と中村社長。卵の生産原価全体における電気代は微々たるものだが、その微々たるコストを最小化することにも中村養鶏場は最大限の努力している。例えば鶏舎内の照明もすべて LED に変更した。これも電気代を削減し、より安価でおいしい卵を提供するためである。

図表 5-6 (a)　鶏舎の外壁に設置された LPWA 送信機

図表 5-6 (b)　LPWA 送信機（拡大）

　他方、ネットワークカメラは、防犯目的の監視カメラとして活用することを決めた。最近、農業機械や作業機械の盗難事件が増えており、ショベルカーやフォークリフトなどを所有している中村養鶏場でも盗難対策を考えなければと思っていたという。しかし防犯対策会社のソリューションを検討すると、それなりにコストがかかることが分かった。より小さな投資でより高い効果を上げられるソリューションを探していたのである。NTT 東日本が提供するネットワークカメラは 360 度回転、パンやチルト、ズームなどの操作で広範囲の撮影が可能だ。インターネットと接続すれば、設置した場所のリアルタイムの様子を、離れた場所からスマートフォンなどで確認できる。しかも搭載されている

モーションセンサーや赤外線機能を使えば、夜でも怪しい人を追跡し、その状況を確認できる。「カメラから声を出してけん制もできるんです。盗難を抑止するには十分な機能だと思いました。また、敷地内を見回る労力も大幅に減りました」(中村部長)

こうしてLPWAという無線技術とWi-Fiとを用途別に使い分け、言わばハイブリッドで効果を上げていると言える。

図表 5-7 ネットワークカメラを防犯に活用

□ 3 鶏舎 6 部屋の温湿度データをスマホで管理

夏前に新しい鶏舎が完成すると同時に、IoTセンサーによる温湿度管理が始まった。現在は15分ごとに3つの鶏舎の6部屋の温湿度データが取得できるようになっている。すべての部屋のデータは同じ時間に届くのではなく、「少しずつずらして届くようになっています」と中村社長。上限と下限の基準値を設定できるが、中村養鶏場では下限は設けず、35度以上になると中村社長と中村部長夫妻のスマートフォンに連絡が行くようにした。

設置した当初は「なかなか安定した温湿度のデータが取得できなかった」と中村部長。農業向けIoTセンサーはもともとハウスを想定して作られたものだが、ウインドレス鶏舎は閉鎖された空間。大型ファンにより自動換気され、糞もベルトコンベアーで自動回収されているとはいえ、ハウスと比べて空気中に含まれる塵・埃の量はどうしても多くなる。センサー表面にそういった不純物や汚れが付着すると、センサー自体の精度が劣化してしまう可能性があるから

だ。そういう環境でも安定的にセンサーが使えるようセンサーの保護や角度の工夫などを施したという。

「今ではウインドレス鶏舎 3 棟 6 部屋分の温度と湿度のデータが、スマートフォンでいつでも確認できるようになりました。どこにいても鶏舎の温度を確認できるので、心理的な負担が減りましたね。本当にありがたいです」と中村部長はその効果を話す。

図表 5-8　養鶏場全体のシステム構成イメージ

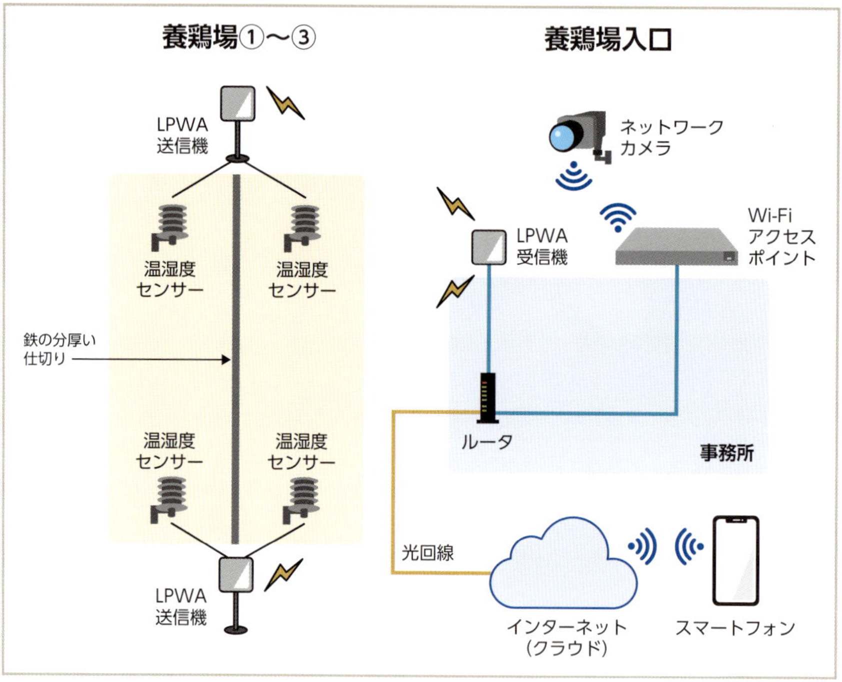

特に 2018 年の夏は茨城県でも異常な暑さが続いた。「命の危険がある暑さ」という気象庁の言葉がテレビの報道で何度も流れたように、小美玉市でも 35 度以上の猛暑日が続いたこともあった。「外気温がそれだけ高いと、幾ら空調機能があるとはいえ、心配になりますからね。本格的な夏が来る前に導入できて、本当にタイミングがよかったと思います」と中村部長は満足そうに語る。

とにかく心理的負担が軽くなったことが「最大の効果」と語る中村部長だが、もう 1 つの効果としてあげたのが、取引先向けに出荷する際、採卵日のほかに飼育環境における最高温度の提出が求められており、その記載が楽になったこ

と。実はこれまでその資料を作成するため、各鶏舎の日々の温度を手書きで記録する必要があったのだ。農業向け IoT を導入して以降は、各鶏舎における温度情報はすべてクラウドに蓄積されるため、手書きする必要がなくなったのである。

図表 5-9　温湿度のデータはサーバーに貯めてからクラウドに送って蓄積

　一方、ネットワークカメラは養鶏場での仕事が終わった 18 時以降の防犯用として活用中だ。カメラが取得した映像データは、データ量の大きい通信も可能な Wi-Fi を使ってクラウドに蓄積する仕組みとなっているため、スマートフォンなどでリアルタイムな映像を確認できるようになっている。怪しい人が来たら、手元で確認でき、また声で警告を発することができるので、「盗難の抑止に繋がる」と中村社長は期待を込める。

図表 5-10　映像データは Wi-Fi で送信

　1 日、3 〜 4 回、鶏の状態をチェックするため鶏舎に足を運ぶという。ネットワークカメラを使えば、その業務の負担も減るのではと思うが、中村社長は「鶏は生き物。具合が悪いかどうかは、自分の目で見て分かることも多い。健康な鶏に良いえさを与え、おいしい卵を生産していくのが私たちの使命です。人の目による確認はそのために必要なこと。映像に頼ることはまだ難しいと思うのです」とその理由を語る。

　こうして温度上昇における鶏の死を防ぐための機器管理という課題は IoT で解決できた。が、もう 1 つ、中村養鶏場をはじめ養鶏産業としての課題がる。それは病気のリスクをいかに低減していくかである。

　「鳥インフルエンザが発症するとすべての鶏を失うだけではなく、1 年間の仕事ができなくなってしまいます。鳥インフルエンザ以外にも、鶏マイコプラズマや鶏気管支炎、鶏痘など届け出が必要な病気がたくさんあります。これらの病気は即殺処分になるわけではありませんが、法定伝染病に準ずる衛生対策を取らなければなりません。こういったリスクをできるだけ下げるためには、健康状態をこまめに観察するしかありません」（中村社長）

■ データを養鶏事業の成長に活用していく

　IoT センサーの導入で、鶏舎内の温度や湿度の管理はやりやすくなったが、これで終わりではない。「これからは取得したデータをどう活用していくかが、私たちの課題です」と中村社長は語る。今はアラームが鳴るより前に、33 度を超えると、鶏舎に足を運び鶏の状態を確認するという使い方だ。しかしデータが蓄積されていくと、産卵に最適な温度と湿度の状態が見えてくるかもしれない。その最適な温度と湿度は、鶏の種類によっても異なる可能性がある。鶏の寿命は延ばせないが、2 年弱の寿命における平均産卵率を高めることができるかもしれない。また鶏の健康に最適な温度・湿度を分析し、最適な温度・湿度を維持することで、病気にかかるリスクを下げることができるかもしれない。そのほかにも、機械の故障する予兆を見つけることにも活用できるかもしれない。例えばファンが壊れたときに、それまでの温度や湿度の状況はどうだったのか。もし何らかの傾向が見つかれば、今後、メンテナンスを丹念にすることで、故障を予防できるかもしれない。いずれにしてもデータ活用はこれからの重要な課題だ。

　将来の展望について伺うと、「残っている最後の高床式鶏舎を、いずれはウインドレス鶏舎に刷新したい」と中村社長は語る。「2018 年に最新のウインド

レス鶏舎を1棟、増設したばかりなのでいつとは言えませんが、近いうちに刷新し、より安全で効率的な卵の生産環境を整備し、競争に打ち勝っていきたいですね」(中村社長)

　よりおいしい卵を安価に食卓へ届ける。そのための努力と工夫はこれからも続く。そのための手段としてIoTをどう活用していくのか。中村養鶏場のIoT活用へのチャレンジはさらに広がる。

♀ まとめ

課題

- 鶏舎内の温度管理を徹底し鶏の生命にかかわるリスクをなくしたい
- 既存の温度管理システムによる屋外警報に気づかない場合の対策を立てたい
- 作業機械の盗難が増加しているので、これを防ぐ対策を立てたい

導入

- 鶏舎内の温度・湿度情報をIoTセンサーで取得し、LPWAで送信する。設定温度以上になるとメールで通知する
- スマートフォンで各鶏舎内の温度・湿度情報を確認する
- ネットワークカメラの映像情報もスマートフォンでリアルタイムに確認する

効果

- いつでも手元で鶏舎内の温湿度管理ができるので、心理的不安が軽減された
- クラウドで温湿度情報が一元管理で蓄積されているので、出荷時に出す資料の作成が容易になった
- ネットワークカメラで監視することで、盗難の抑止効果が高まった

鶏舎内の温度管理に IoT を活用
炎暑のリスクを回避でき
昼夜の心理的負担を軽減できた

中村 晃久 (なかむら あきひさ) 氏
有限会社中村養鶏場
常務取締役　生産部長

中村 強 (なかむら つとむ) 氏
有限会社中村養鶏場
代表取締役

—— 鶏卵生産者が抱えている課題について教えてください。

　一番の課題は鶏舎の空調が常に最適に保たれるように機器を管理することです。卵は物価の優等生と呼ばれており、1 個が 15 円から 20 円という安価な値段となっています。これを維持するために、鶏卵業は非常に合理化が進んでいます。

　現在主流となっているウインドレス鶏舎は、自然光を遮断し、温度、湿度、光（照明）を機械で調節する窓のない閉鎖型の鶏舎です。1 つのケージに 7 羽

ぐらいの鶏を飼うため、非常に密度も高い。そんな状態で機械が止まってしまうと、鶏舎内の温度はみるみる上昇してしまいます。また鶏糞の処理なども止まります。室温が 35 度を超え 30 分経過すると、鶏は死んでしまいます。

そういう機械の故障により鶏が死ぬリスクをいかに回避するか。この問題を解決するための取り組みとして、機械に異常が発生すると、警報を鳴らすシステムを導入してきました。しかしこれで万全というわけにはいきません。夜間など、家の中にいるときに警報がなってもなかなか気づかないからです。というのも当社の近くには百里基地があり、自宅の窓には防音対策が施されているからです。時間や場所にかかわらず、気になったときに機械が正常に動いているか確認できる仕組みが欲しいと思いました。

—— IoT でその課題を解決できると考えたきっかけは何だったのでしょう。

Wi-Fi の導入を考えており、NTT 東日本に相談したのがきっかけでした。サポート付きサービスの「ギガらく Wi-Fi」と共に、そのオプションサービスである農業向け IoT を紹介されたのです。農業向け IoT は温度と湿度が測定できる IoT センサーとネットワークカメラによるソリューションです。ハウス向けとして提供されていましたが、鶏舎にも応用してみてはと提案されたのです。ちょうど新たに 1 棟、最新式のウインドレス鶏舎を増設するタイミングで、しかも 2018 年の夏は猛暑が予想されていたので、この機会を逃す手はないと考え、導入を決意しました。

実際に設置してみると、机上で考えていたときとは異なる現象もありました。ハウスに比べて鶏舎は埃や塵が多いからです。設置当初はセンサーの表面にそれらが付着し、正しい精度が出ないこともありました。設置の仕方を工夫して、最近は安定して測定できるようになりました。

—— IoT センサーの設置によってどのような効果が得られているのでしょう。

数字として単純に表すことは難しいですが、最大の効果は鶏舎の管理に対する心理的負担が軽減されたことです。特に夏場は、外気温が 30 度以上になることが増えているので、警報が鳴らなくても鶏舎の温度が上がっていないか心配で、何度も鶏舎に足を運ぶことがありました。しかし IoT センサーを設置したことで、気になったときにいつでも場所を選ばずに確認できます。夜中に機械の異常が起こっても、スマートフォンに通知がくるので、気づかないということもなくなりました。まだ導入してから大きなトラブルは起こっていない

ので、効果が実感できていないのかもしれませんが、導入したことは非常によかったと思います。

　また毎日、15 分ごとの温度と湿度のデータが取得できます。これまで取引先へ出荷する際に必要だった飼育環境の情報についても、温度と湿度に関してはクラウドにすべて記録されているので、手書きで付ける必要がなくなりました。小さいことですが、これも IoT 導入の効果です。

—— 今後、どのように IoT を活用していくお考えですか。

　蓄積したデータを分析して、鶏舎のコントロールから養鶏事業そのものに役立てていきたいと思います。例えばデータを分析することで、飼養している品種の鶏にとって本当に産卵に最適な温度や湿度を把握することができるかもしれませんよね。そういう蓄積したデータがどう活用できるかについて、考えていきたいと思っています。いずれにしても健康な鶏を飼養し、その鶏から生まれたおいしい卵をより安価に食卓に届けるための努力と工夫をこれからも継続していきたいと思います。

第6章

「荷役」を「スマートロジスティックス」へ

株式会社PAL

人と IoT の協調で「荷役」を「スマートロジスティックス」へ

株式会社 PAL

　次世代型の物流事業を目指し、急成長中の「株式会社 PAL」。物流業界をより生産性が高く、先進的な業界に進化させようと取り組んでいることでも知られる。働く人の安全・快適性などの確保と業務の効率化を目的とする IoT の導入もその1つ。物流現場で様々な業務にあたる一人ひとりがウェアラブルデバイスを装着することで、「荷役」という仕事がどのように変わるのだろうか。

プロフィール

株式会社 PAL

設立	2000 年 12 月
所在地	本社：大阪市西区
従業員数	90 名（アルバイト・パート含む約 1,600 名）
事業内容	ロジテックソリューション事業、HR テックソリューション事業、ロジテックフィナンシャルソリューション事業

■ ロジスティックスに欠かせない「手」を担う

　産業においてはもちろん、人が生活するにも必要不可欠な役割を担う「物流」。普段、無意識に利用しているあらゆるものが、誰かの手によって運ばれている。物流が分断された途端に生活に不便をきたすだけでなく、ときには命にかかわることも少なくない。近年では、災害が起きると生活を支える物流の重要性がクローズアップされ、日常を支える不可欠なインフラとして再認識される傾向にある。しかし、そんな重要な役割を担っているにもかかわらず、その仕組みは意外に知られていないのではないか。

　グローバル化が進む中で、「物流」は世界中の血液循環を担うと言っても過言ではないだろう。国土が狭いながらも多彩な物産、文化に恵まれた日本では物流業の歴史は古く、伝統産業とも言える。実際、現在でも物流の担い手として業界内で「蔵・手・足」という分け方をするのは、その現れだろう。物を保管し様々な作業の場となる「蔵」、物をまとめて長距離を運ぶ「足」、そして物を仕分け移動させる「手」。PAL はまさにその「手」であり、「荷役」と呼ばれる部分を事業としている。

　「手」は倉庫や物流センターなど拠点となる「蔵」の中で細かな作業を担い、運送業の「足」から「足」への繋ぎ役を担う。そのほとんどの業務が人力によって行われてきた。物量が増えれば数の「人海戦術」で対応せざるをえなくなり、反面労働集約的な仕事でありながら個別対応も必要になるため効率化も図りにくい。「蔵」が倉庫からベルトコンベアーやフォークリフトなどを活用したロジスティックセンターになり、「足」が飛脚や馬からトラックなどのトラフィックになり、さらにはコンピュータによる制御や AI 化、自動運転などが進もうとしている中、「手」の部分である荷役においては、なかなかデジタル化による改善・効率化が進んでこなかった。

　しかし、インターネットの普及にともない EC（電子商取引）や通販事業が急速に拡大し、メーカーにおけるサプライチェーンも大量生産型から少量多品種型に変わるなど流通の細分化が進み、小荷物の取扱量が急増している中で、荷役が担う仕事は範囲も量もさらに増えることは避けられない。人海戦術で乗り越えようにも、労働集約型で 3K（キツい・汚い・危険）と言われる仕事として、深刻な労働力不足という課題を突き付けられている。何らかのイノベーションが必要な時期に来ていると言えるだろう。

　それらは荷役のみならず、倉庫・運送も含めた物流業界全体が抱える悩みであり、魅力ある業界となるためには、従来の「蔵・手・足」という機能単位で

の改革に留まらず、業界全体のイノベーションとして「スマートロジスティックス」の実現が求められている。それを実現させるためにも、最も遅れていた「手＝荷役」の事業の改革が求められている。PALが取り組もうとしている課題は「手」の部分に留まらず、物流業界全体が新しいステージへと進化するために重要なカギでもあるわけだ。

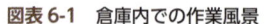
図表6-1　倉庫内での作業風景

🔲 労働力不足解決のカギは「人」の問題の解決

　物流では、一般にまず地方ごとの大きな拠点から別の大きな拠点へ運送業者によって運ばれ、そこで仕分けられてより小さな拠点へと送られる。荷物は大きなケースにまとめられ、木組みのパレットにそれが数十個単位で乗せられ倉庫に運び込まれる。そこからがPALが担う「荷役」の仕事だ。人の手で1つずつ積み下ろしをしてから鉄の台車に乗せ換え、次の拠点へ向かう車に積み替えるべく、何千坪にもなる巨大な倉庫の中を押して移動する必要がある。今でこそECの普及による小荷物が増えたが、今もこの基本形態は残っている。

　また、近年では調理済みの食品など、取扱いに細やかな配慮が必要なものも増えてきた。例えばあるスーパーマーケットの倉庫内での物流オペレーションの場合では、倉庫の上に造られた調理工場からできたての調理パンや惣菜など

が届けられ、それを各店舗に分配する作業を行っている。作業場を取り囲むように壁面に配送先である店舗名と番号の札が貼られ、発注書に応じて振り分けていくという流れだ。調理工場で一定量にまとめられてはいるものの、発注書ごとに多種多様な惣菜や弁当などを見分けて振り分けるのは人間にしかできない。プラスチックのかごに入ってはいるものの、傷みやすい食品であることから、慎重な作業が求められる。

従来型の鉄台車で乗せ換えを行う業務も、丁寧な取扱いが求められる仕分け業務も、機械でできる部分・できない部分が入り組んでおり、一部だけを切り出して機械化することは難しい。もしできたとしても、場所や発注内容、品物の種類なども頻繁に変わるため、機械の調整に毎回時間がかかることになる。費用対効果で割に合わないだろう。

人間で対応せざるをえない作業が多く、急速に拡大する分野として人手が求められる事業ながら、慢性的な人手不足に悩まされている。少子高齢化が進む将来は、労働力不足はもっと深刻になることが予測されている。そんな中でPAL は労働力不足の問題に対し、IoT やロボティクスなど、様々なテクノロジーを活用することで解決を図ろうとしてきた。

「今まで社会を動かしてきたのは労働集約的な仕事であり、私たちはブルーワーカーであることに対して誇りを持っています。しかし、体を使って汗をかく労働を嫌う若者も増え、世の中の評価として低く見られがちなのも事実。卑下するつもりはまったくありませんが、そうした状況を打破する必要はあります。そのためには、快適に働きやすい環境など『人』に関係する課題を解決することが最も大切だと考えています」と代表取締役の辻有吾氏は熱く語る。

◘ 単純作業や重労働など「苦役」を解消したい

荷役における倉庫オペレーション業務の最大の問題は「単純作業」が多いことだ。しかも長時間繰り返すことが多く、人の目で見分け手を使って動かすなどやはり人間にしかできないものも多い。だからこそ価値もあるというものだが、従事者にとっては大きな負担になる。その中から、人には「辛い部分」を取り除き、機械で補完することでいかに軽減を図るのか。ただし、そこには「人がやってくれるから安心」という顧客側の価値観とのせめぎあいがあるという。

例えば、ベルトコンベアーで運ぶようにすると顧客側から「丁寧にやってもらえるのか」という不安の声があがり、さらに「間違いがないように数を数え

て欲しい」というオーダーが入る。そこでセンサーを取り付けて数量をカウントすると、「人が見ていないと心配」と言われるのだという。今どき考えられないようなオーダーだが、そうした顧客をいかに説得し、人から機械、ITへの代替を行うか。長らく続いてきた歴史を持つ業界ゆえの悩みと言えるだろう。

さらに「苦役」の種類には「単純でつまらない仕事」に加え、「重たくてキツい仕事」、「暑い・寒い場所で長時間行う仕事」などもある。もちろん、環境の改善やITや機械の導入など様々な工夫がなされてはいるものの、労働がゼロになるということは当分ありえない。PALではロボティクスなども積極的に導入されているが、必ず機械と機械の間に人間の作業が入り、それゆえに逆に危険がともなうこともあるという。確かに「重い荷物はロボット」、「慎重に運ぶものは人間」と業務を分けたところで、同じ場所で働いているとすれば、例えば衝突事故など人間同士では起きえないトラブルも考慮する必要がある。「100%完全にロボティクス化をしなければ、荷役の機械化は難しい」と言われるのもそのためだ。

「それでも諦めるわけにはいかないですからね。荷役が辛いから、大変だからといって逃げてしまったら、日本の物流は止まってしまいます。そこは事業者として社会的な責任があると考えています。そして、大切な仕事なのに誰も改善策を考えてこなかったからこそ、私たちのビジネスチャンスでもあると思うのです。難しいからやりがいもあるというものでしょう」（辻氏）

辻氏が考える解決策の1つは、「苦役」を減らして体力的に負担の少ない、クリーンで環境のよい働き場所を作ることだという。それによって就業者として「体力のある男性」という限定性を解除しようというわけだ。「体力があること」の要件が外れれば、高齢者や女性、学生アルバイトなども集めやすくなる。さらに居心地がよければ長期間の就労も見込めるだろう。

「起業した頃からずっと考えてきた課題であり、できることは色々と実行しています。例えば、アルバイトやパートのスタッフをその人の名前で呼び、ぞんざいに扱わないなどもそうですね。私がこの世界に入った頃は、やはり力自慢の荒っぽい男性が現場を牛耳っているわけですよ。『おーい、バイト、さっさとしろ』みたいなやりとりが日常的でした。でも、それでは誰も気持ちよく働けないでしょう。ロボティクスが実現したら、一気に働きやすい環境になるわけではありません。どうしたら、気持ちよく働ける職場になるのか、試行錯誤を繰り返しています」（辻氏）

ほかにも、他業界での企画・営業職としての経験を持つ辻社長には、仕事の仕方に疑問を感じることも少なくなかったという。例えば、人材の確保につい

てもどんぶり勘定で、「前にやったときに 10 人だったから今度も 10 人でやる」というような経験則にもとづく判断が多かった。また、その日の目標時間も設定されておらず、漫然と作業するケースもあったため、モチベーションが上がらなかった。現在では時間ごとに目標値を設定し、単純作業でも楽しく迅速に進められるような工夫を盛り込んでいる。

◼ 人間と機械が同じ職場で協調して働くために

　「体力に負担がかからないクリーンな環境作り」を目指す PAL が、そうした改善に加えて実現しようとしているのが、ICT や AI、ロボティクスなどのテクノロジーを活用したスマートロジスティックスだ。その前段階として取り組んでいるものの 1 つが、ウェアラブル端末で「人の動きをウォッチすること」のトライアル実験である。人がどのように動き、どのような作業を行い、どれくらい身体に負荷がかかっているのか。その蓄積から、仕事としての最大公約数を見つけ出し、IT 化・機械化を図ろうというわけだ。

図表 6-2　ウェアラブル端末を用いた IoT システムの活用イメージ

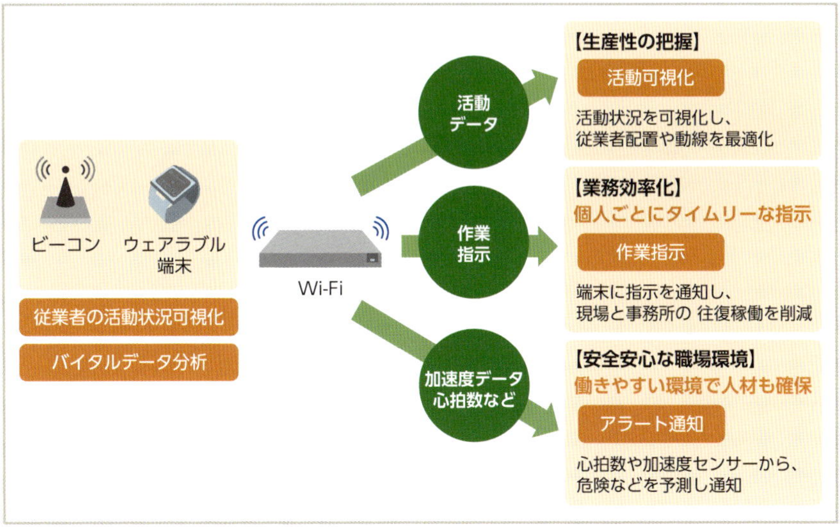

　例えば、近い将来にフォークリフトやビークルなどの機器の自動化が実現したとしても、それらの機器が人間を人間と認知するのは難しいと思われる。近年のセンサー技術で機械側が人間を『何かある』と認識させ、避けるなどの選

択をさせるのは容易でも、その上で仕事を連携して行うにはハードルが高い。何か機械が運んできたところに人間が一部を受けとる、追加をするといったようにシームレスに連携できるようになるには、人間側が機械を認識すると同時に「人間がここにいる」という情報を機械側に知らせることが必要になる。人間側にウェアラブル端末を付け、「誰がどこで何のために何をしているのか」といったデータを取得し、指示系統に結合させることができれば、人間と機械が協調して快適に働けるようになるかもしれないのだ。

　トライアル実験では、こうした取り組みの前段として、まずは個体管理と動体管理を行っている。対象は、PALが倉庫内オペレーションを担うある大手スーパーの惣菜物流倉庫で荷役にあたる10人の従業員（うち5人が外国人）だ。出社と同時に時計型のウェアラブル端末を装着し、顔認証による勤怠管理で個体認識（個人の特定）を行う。働き始めると自動的に位置や動きを測定し、倉庫内に設置されたWi-Fiアクセスポイントを通じてクラウドに送られ、データとして保存される。また、ビーコンが3カ所に設置されており、そこからの電波をウェアラブル端末がキャッチすることで位置情報となり、それも併せて収集される。

図表6-3　惣菜物流倉庫内ネットワーク構成のイメージ

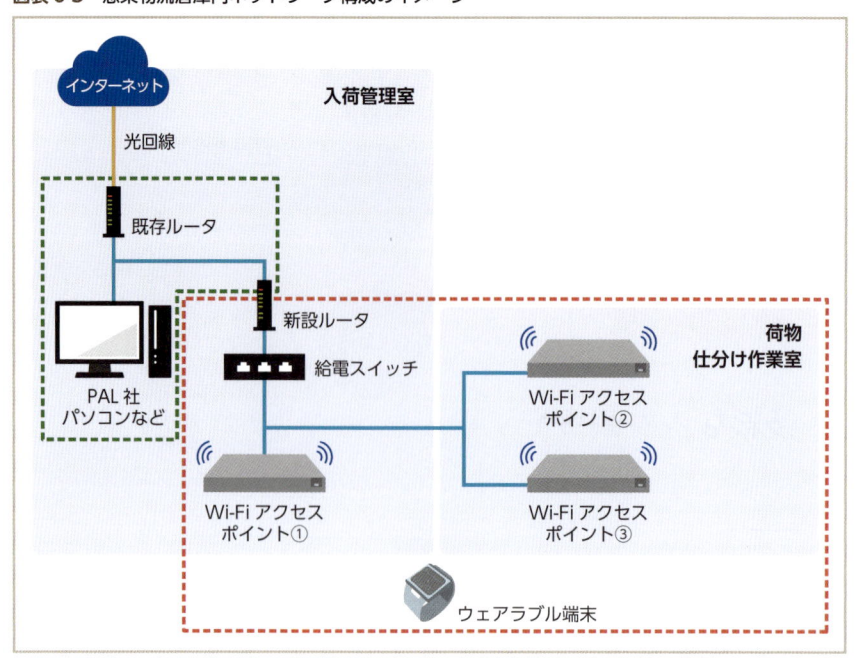

　データは、インターネットを通じて倉庫脇の管理室でもオンタイムで閲覧が可能だ。それによって従業員の現在の状況を把握したり、指示を送ったりする。また、収集された情報から従業員の配置や動線の整理などを行い、業務効率化や人材管理を行う。そして、ゆくゆくは機械と人間が融合するスマートロジスティクスを実現させるためのデータとして蓄積することが期待されている。

　「まずは今回、1カ所の倉庫で行っていますが、荷役業の特徴として複数 "出勤先" に出向いて行う作業が多く、当社の規模でも 20 カ所以上になります。場所が違えばオペレーションも異なり、人のマネジメントも難しくなります。情報も共有しにくくなり、ナレッジが溜まりにくいという問題もあります。そこで、できれば近いうちにすべての現場で同様のシステムを展開し、情報を蓄積しながら、人と機械が共存するスマートロジスティックスの実現に役立てていきたいと考えています」

図表 6-4　データは Wi-Fi アクセスポイントを通じてクラウドに送られる

多彩な人が働きやすい環境作りに活かす

　今回のトライアルにおいては、ほかに様々な情報連携も試された。その1つが事務所からのウェアラブル端末へのタイムリーな指示である。それまで事務所内のホワイトボードに業務指示などの情報が掲載され、それを確認して現場に行くという流れだった。緊急の場合は、館内放送で業務指示を流すこともあったという。しかしながら、作業指示を確認するためだけに事務所と現場

を往復したり、館内放送を聞き逃したりなどと、情報伝達におけるロスは少なくなかった。

そこでウェアラブル端末に個人ごとに振動と表示でタイムリーに情報指示を通知することで、スムーズな情報共有が実現し、作業効率も向上したという。

そして「一人ひとり異なる情報提供」が可能になると、外国人従業員に対する多言語対応にも応用できる。PALでは近年、外国人の就労が増えてきたというが、指示を出そうにも言語の障壁となっていることが少なくなかった。また、細かい業務指示を一元的に与えるだけではきめ細やかな作業ができないケースも増えてきた。そこで、個人認識情報に国籍を登録しておけば、ウェアラブル端末に指示を送る際に母国語で送ることができる。さらに今後は、倉庫内に表示ディスプレイを置き、その近くに行くと自動的に表示が母国語に切り替わるようにすれば、言葉での指示を的確に伝えることができる。

「外国人就労者の割合は年々高まっており、今後、少子高齢化社会において彼らの手を借りることは必然とも言えるでしょう。日本語が分からないゆえに生産性が低くなるとしたら、大変もったいないこと。そこでテクノロジーの力を借りて働きやすい環境を提供できればと思います」

そして、バイタルデータ取得による健康管理もユニークな試みと言えるだろう。心拍数や血圧を測定して、常に作業者の健康状態をモニターし、危険が予測される状態と判断されるとアラート通知を行っている。確かに倉庫の中は、夏は高温、冬は低温、さらに季節を問わず冷凍庫での作業も発生するなど、苛酷な環境に置かれがちだ。夏の間の熱中症や寒暖差からの血圧上昇による脳卒中など体調急変のリスクは無視できない。特に高齢者においては健康面での不安が大きく、PALとしても以前から配慮を心がけていたという。

「高齢者の就業希望者は年々増えており、意欲が高い方が多いですね。問い合わせをいただいた方で80歳以上の方もいましたし、60代、70代は普通に働いています。とはいえ、やはり健康面では心配なので、当社の産業医に1ヶ月に1回はかかってメディカルチェックを受けることを義務付けています。当社で働いている方はどなたも健康面では問題がないのですが、やはり労働負荷が高い仕事は避けてもらうなど配慮が必要となります」

これまでは「労働負荷の低い仕事」について、担当者が経験則で選択し、その日業務につく高齢の従業員にその場で割り振っていたが、それをバイタルデータから導き、自動的に高齢者に割り振ることができるようになる。さらにリアルタイムで心拍数が上がれば休憩を促すなど、安心して働いてもらえる環境を提供できるというわけだ。バイタルデータを取得し、それにともなって健

康配慮ができるというのは当人にとってはもちろん、マネジメントする PAL側、仕事を発注する顧客企業側にとっても大きな安心感をもたらすという。

こうしたウェアラブル端末によるサポートは外国人や高齢者に限らず、女性・男性、学生アルバイトでも、その場で働く誰でも役に立つものとなる。また、誰もが安心して働ける快適な環境作りを実現しつつ、省力化や生産管理によって1人あたりの生産性を高めることにも繋がるだろう。むろん、それは働く人にとって待遇や給与面で大きなプラスになることは間違いない。

図表 6-5　ウェアラブル端末に指示を表示するほかバイタルデータを測定する

🔲 求められる倉庫内通信ネットワークの整備

今回の IoT のトライアルについて、辻氏は「どうしても NTT 東日本とやりたかった」と振り返る。「倉庫内の通信の最適化まで考えて、全国に展開できるのは NTT 東日本しかいない」そう考えたからだという。

近い未来、運送用トラックが自動運転になる時代には、倉庫の中もフォークリフトやベルトコンベアーが自動制御できるようになっていると考えられる。それを制御し、統合していくためには2つのネットワークの最適化が必要だという。1つは先に述べた PAL が可視化に取り組もうとしている「人の動き」であり、業務の流れというネットワーク。そしてもう1つが通信ネットワーク

だ。そこで辻氏が倉庫事業者に相談したところ、多くがアセットのみの業態に転換しており、提供されるのは建屋と電源くらいで「空調もネットワークも自前でどうぞ」という状態になっていた。中にはネットワーク環境は設備されている場合があるものの、決してスマートロジスティックスを想定して提供されているわけではない。

「そうなれば、もうNTT東日本さんを頼るしかありませんから。時代の節目にあって、これから倉庫の中の通信ネットワークは、大きなマーケットになる。通信の規格を考え、経験値を積み、そこでサービス開発ができれば、間違いなく大きなビジネスになるから、ぜひ力を貸して欲しいと協力を仰ぎにいったわけです」

図表6-6 新設ルータ（各Wi-Fiアクセスポイントからの信号を集約しインターネット（クラウド）へ）

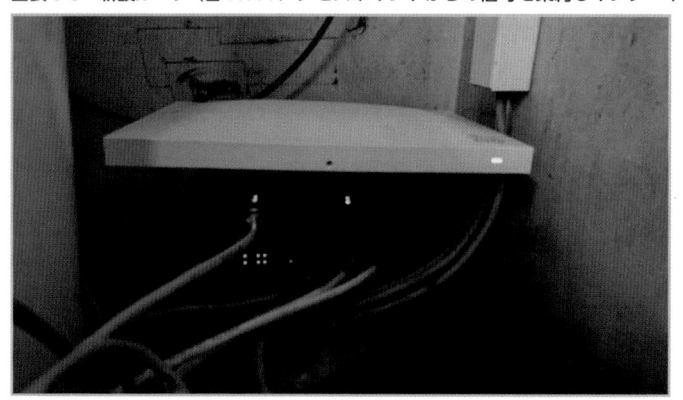

これから無人搬送車（AGV）やフォークリフトが自動化され、ロボットが人間と一緒に仕事をするようになると言われているが、現段階では倉庫内の通信は十分に最適化されてはいないという。通信の規格や敷設の仕方、古い倉庫のリノベーションにともなう回線の引き込み直し、アクセスポイントを造るための敷設や設備投資など、スマートロジスティックスが本格化すれば、新しいタイプの通信設備が爆発的に広がっていく可能性が高い。日本で現在稼働中の倉庫面積の2分の1が10年以上前に造られた倉庫であり、旧態依然としたインフラしか擁していない。かといって直近に敷設された倉庫も将来を見込んで十分な通信環境があるとは言えない。

「人間が労働する場所の技術革新がないのに、人間が労働を革新していくのは難しいことです。革新が生まれる環境作りにぜひ協力して欲しい。そう訴え

たところ、NTT 東日本さんには『それは社会貢献に繋がるので、一緒にやりましょう』とおっしゃっていただき感激しましたね。そこで昨年くらいから合同で IoT やスマートロジスティックスなどについて勉強会を始め、その中で当社の事業課題についても共有いただき、IoT システムのトライアルへと繋がったわけです」

人間側と機械側の両面からアプローチを続ける

　今回のトライアルについては、KPI（重要業績評価指標）を人材不足の解消や従業員生産性の向上としながらも、長期的に見れば荷役を起点としたスマートロジスティックスの実現が目標であり、それによる業界革新とも言える。さらに実現のための方策として、ウェアラブル端末による人間の行動トレースや倉庫内の通信インフラなど多面なアプローチを含めた、大きな構想にもとづいている。その大きなデザインのもと、今後はどのように展開・推進していく予定なのか。

　「今回のトライアルは人間側のアプローチの第一歩であり、今後はさらに様々な機能を充実させ、業務や人の動きを把握し標準化していくことが目標です。例えば直近では、加速度センサーの活用を予定しており、それによって従業員の転倒検知やロボット化に向けた荷物ピッキング動作のデータ取得などを行う予定です」

　そして、もう 1 つスマートロジスティックスを実現するためには、機械をコントロールする側の自動制御システム「WCS：Warehouse Control System」が欠かせない。WCS はフォークリフトの自動化や AGV での無人配送などを制御する仕組みであり、これについては各社で急速に研究開発・実用化が進んでいると言われている。例えば、パレットに書いてある商品コードをフォークリフトが読み取り、その番号で指示されている納品場所まで自動的に運んでいくことも実用レベルで可能になっているという。ロボティクスの最も重要な課題と言われながらメガプレーヤーが登場しておらず、それぞれの倉庫・物流会社で個別の自動化が進み、ロボットの導入が進んでいる。おそらく将来的にはロボット、AGV、マテハンと呼ばれる自動の搬送機まで、コントローラー系が結合していくことは当然の流れと言えるだろう。しかし、辻氏は「その間に人間系も含めた作業が組み込めていなければ、すべてを動かしていくことは難しい」と語る。その「人間系も含めた業務の把握」こそ、まさに PAL が担う荷役で実現しようとしていることであり、この IoT システムの長期的な目的だ。

「WCS に『人間系データ』がシステム上で結合できなければ、価値も半減になると思っています。おそらく、どんどん自動化してロボットを導入している物流会社ほど、今度は人をマネジメントする話に行き着くはずです。でも、荷役のノウハウがあるわけではない。そこで、PAL ではすでに用意ができており、すぐに提供できるよう、NTT 東日本さんとともにソリューションとして完成させたいと考えています。できれば SaaS などで提供し、お客さま側の API とシームレスに繋げられるようになればと考えています。これが実現し、両者が合わされば、機械側も人を考慮してコントロールできる。人系の業務マネジメントシステムも高効率に稼働するでしょう」

今後、2020 年には社外にもソリューションとして機能単位で提供できるようにしていきたいという。さらにブラッシュアップを行い、WCS と統合するのが 2030 年くらいと辻氏は予測する。

「現在、協業を希望されている企業の多くがアセット型の大手倉庫事業者で、荷役というオペレーションノウハウをほとんどお持ちではありません。3PL[*1] としてロジスティックスの企画・設計・運営を担い、『荷物だけ持ってきてください』と言えるようなトータルソリューションとして提供しようとしたとき、私たちの持つ人系の荷役業務のマネジメントノウハウが必要になるはずです。私たちなら、荷物の種類や流れ、拡張予想などをヒアリングできれば、必要十分な機械と人の配置を具体的に想定でき、スマートロジスティックスをバーチャルに起こしてお見せできる。そんなこともできるでしょう」

日本の産業を下支えしてきたブルーワーカーが、テクノロジーと連携することでより大きな推進力を得ようとしている。"人間 IoT" は決して人間が機械に繋がれることではない。テクノロジーの力を人間側に取り込む、そのための施策なのである。

---

*1　3PL（3rd Party Logistics）：荷主に代わって、最も効率的な物流戦略の企画立案や物流システムの構築について包括的に受託し、実行すること

まとめ

課題
- 人の動きをウォッチして効率的に働けるようにしたい
- タイムリーな指示を、外国人労働者も分かるように伝えたい
- 従業員の体調管理を行い、安心安全な職務環境を作りたい

導入
- 従業員にウェアラブル端末を装着し、個体認識を行う
- ビーコンでウェアラブル端末の位置情報を収集し、動体管理を行う
- データはクラウドに送られ保存される

効果
- 従業員の状況を把握したり、指示を送ったりするとともに、従業員の配置や動線の整理などを行い、業務を効率化
- 個人ごとにタイムリーに情報を通知することで、スムーズな情報共有ができ作業効率も向上
- バイタルデータを取得することで個人の健康管理を行える

インタビュー

IoTで「荷役」を変えられれば パートナーや顧客にも 大きなベネフィットを提供できる

辻 有吾（つじ ゆうご）**氏**
株式会社 PAL 代表取締役

—— 荷役事業にIoTなどテクノロジーを導入し、スマートロジスティックスを構想された理由についてお聞かせください。

　私が物流事業の世界に入ったのは、18年前の26歳のときでした。業務単位で見れば、行っていることは現在も当時と大して変わっていないように思いますが、アセットを持たずにロジスティックスの企画・設計・運営を行う3PL（3rd Party Logistics）が登場するなど構造的な改革は進みつつあります。ただ欧米ではノウハウとソフトウェアしか持たず、完全にソリューションベンダーであるのに対して、日本では倉庫や運送会社が行う場合が多く、輸送網として

倉庫やトラックは持っていても、倉庫内は当社のような荷役事業者がオペレーションを行っています。またメーカーや大手スーパーなどが自前で倉庫を運営するケースも増えており、その中でのオペレーションを当社が担う事例も増えてきました。

つまり、物流分野の構造的な変化はそれぞれに起きていますが、「荷役」そのものについてのノウハウは、倉庫・運送にあるわけではなく、ましてユーザーであるわけでもない。倉庫・運送でスマートロジスティックス化が進む中で、「荷役」のイノベーションが可能なのは実際に荷役を担っている当社のような会社でしょう。そこで、荷役の部分にテクノロジーを用いて最適化し、さらにコンポーネント化することで、様々な事業者と連携が可能になり、業界全体のスマートロジスティックスの実現に貢献できると考えています。

—— なぜこれまで荷役事業におけるテクノロジーの導入が積極的に行われてこなかったのでしょうか。

シンプルに言えば、人間による細かな調整が必要とされる伝統産業だったからだと思います。荷役の仕事は、まず倉庫という仕事場の多様性があります。扱う荷物も様々で、行うべき作業も様々です。工場のように単一労働であれば、機械化によって多くを代替可能でしたし、費用対効果としても見合うかもしれません。しかし、毎回異なる内容に合わせてソリューションを作り変えるのは難しく、コスト的にも見合わない。そもそもかつて労働力は潤沢にありましたから、人海戦術で乗り越えられました。それが当たり前と思われていたのだと思います。

さらに、これまでブルーワーカーは機械に代替されるものとして考えられがちでしたが、荷役の仕事については、個々の荷物に対する判断力や調整力も欠かせません。つまり、体を使いながらも細やかな個別対応が求められ、代替されにくいものだったというわけです。しかし、AIなどが医師や弁護士などの知的労働の一部を代替すると言われるほど進化すると言われている中で、荷役の仕事も一部補完されながら効率化されることが期待できます。そこが、これまでのテクノロジーとは異なる部分で大変期待しています。

—— IoTシステムも含め、今後荷役事業がテクノロジーによって改革される価値をどのようにお考えですか。

自動化されていない、効率化されていないということで、これまで何か問題

があると、「倉庫の中の荷役の段階で問題があったのではないか」とされることも多くありました。出庫と入庫の両方が混じり合う場であり、輸送にとっては前作業・後作業となるため、例えば荷物が崩れても、物がなくなっても荷役に原因があると考えられてしまいます。また、時間の制限で「できません」ということが難しく、24 時間 365 日の稼働が求められ、大変苛酷な労働環境と言えるでしょう。

　しかし、裏を返せば、そうした厳しい環境にありながら、PAL は創業以来大きな事故も停滞もなく、「人間にしかできないこと」を担い続けています。物を動かすノウハウのほとんどは荷役に集中しつつあると言っても過言ではないでしょう。それは大きなビジネスチャンスであり、IoT や AI など新たなテクノロジーで荷役という仕事が変わることで、倉庫や運送というパートナーやご利用いただくお客さまにも、大きなベネフィットを提供できると考えています。

　今回の IoT システムも小さな試みではありますが、私たちにとっては大切な改革の第一歩です。倉庫内オペレーションのエキスパートとして、ゆくゆくは最適なソリューションとして提供し、日本の物流業界を大きく変革していきたいと思っています。

第 7 章

IoT による見える化で
ベテランの技術を継承

協立金属工業株式会社

画像IoTで装置の稼働状況と作業員の動きを見える化 ベテランの技術を継承

協立金属工業株式会社

　横浜市に本社を置く協立金属工業は、ITや家電、衣料、自動車などの幅広い分野に向け、張力、強度、潤滑性、平滑性を備えたワイヤー製品を提供している。

　高い技術力でユニークな製品を展開し、グローバル展開を積極的に進めるなど業績好調だが、多くの中小企業同様、「生産性の向上」、「技術の承継」という課題を抱えていた。そこでNTT東日本の協力のもと、IoTを活用した実証実験を実施。製造装置の稼働状況および従業員の動きの可視化を行い、これらの課題解決に取り組んでいる。

プロフィール

協立金属工業株式会社

設立	1961年
所在地	神奈川県横浜市
事業内容	ステンレス鋼線、ピアノ線、リン青銅線などのワイヤーの製造販売

▢ 公差± 0.0001mm 以下という高い精度の超極細伸線を製造

　JR 根岸線新杉田駅と京急本線の金沢八景駅を結ぶ全長約 11 キロメートルの新交通システム・シーサイドライン。1970 年〜 80 年にかけて整備された横浜市金沢区の埋め立て地の居住者、就業者、および沿線に立地されたレジャー施設の利用者を輸送するために導入された路線だ。そんな埋め立て地を走るシーサイドラインに新杉田駅から乗車し、13 分ほど揺られると福浦駅に着く。同駅から 5 分ほど南に歩くと、協立金属工業の本社工場が見えてくる。同社を含むこの地域一体は LINKAI 横浜金沢と呼ばれる工業団地となっており、1000 以上ものモノづくりを中心とした企業・事業所が集積している。

　協立金属工業の設立は 1961 年。現在、代表取締役社長を務める松村洋一氏の父親が、金銀線による音響用接点（オーディオケーブルやスピーカーケーブルなどの導線素材）の製造加工販売を目的に、横浜市保土ケ谷区で始めた会社である。翌年にはセイコーグループより、高級腕時計用軸穴・クォーツ穴研磨材料に用いられるピアノ線の伸線加工材を受注。その後、現在の日鉄住金 SG ワイヤより、ばね用ステンレス鋼線などの委託加工を任された。ここから協立金属は本格的に伸線ワイヤーメーカーとして歩みを進めることになる。

　現在、同社が得意としているのは線径 0.01mm 〜 0.50mm の鋼線、合金線で、特に 0.2mm 以下のサイズを公差± 0.0001mm という高い精度で仕上げる超極細伸線技術である。その高い技術が評価され、医療分野であれば狭心症や心筋梗塞治療で用いられるカテーテルのガイドワイヤー（バルーンやステントなどの医療機器を病変まで運ぶための導線）や注射針の芯線、医療用鍼灸の鍼の材料などにも同社のステンレス線が採用されている。高い精度が求められるもう 1 つの分野が、自動車分野だ。自動車に搭載されている様々な電子機器の信号伝達のために用いられているワイヤーハーネス、エンジンやトランスミッションなどに用いられるオイルシール（回転軸に用いられる潤滑油を外部に漏らすことを防ぐための部品）などに、同社のステンレス鋼線が使われている。

　このように独自の高精度の極細線技術を持つことにより、医療や自動車という成長産業で採用されていることから、着実に成長を続けている協立金属工業だが、「決して順風満帆だったわけではありません」と松村氏は感慨深げに当時を振り返る。

　同社は、創立 30 年目にあたる年に現在の地に新工場を竣工、その後 1995 年に本社工場を同工場に移転したが、新工場の操業が始まった頃、先代

社長が亡くなる。会社を継いだ松村氏を、バブル崩壊が襲った。その後も厳しい時代は続いたという。

だがそのような冬の時代を乗り越え、2007 年には横浜型地域貢献企業に認定された。これは横浜市中小企業支援センターが行っている事業で、地域を意識した経営を行うとともに、本業およびその他の活動を通じて、環境保全活動、地域ボランティア活動などの社会的事業に取り組んでいる企業を、一定の基準の下に横浜型地域貢献企業と認定し、その成長・発展を支援するというものだ。また 2015 年には松村氏は金沢区にある 3 つの工業団体で構成される金沢区工業団体連絡会の会長に就任し、自社の発展はもちろんだが、金沢区の産業の振興、区の活性化にも取り組むまでの存在になっている。

図表 7-1　工場内風景（製造装置の上部左右に積層灯が見える）

🔲 生産性向上に欠かせない稼働率向上と技術の継承

協立金属工業の社員数は 20 人。典型的なモノづくり系の中小企業である。そんなモノづくり系の中小企業が抱える課題の第 1 が生産性の向上である。中小企業庁が発表した「2018 年版中小企業白書・小規模企業白書概要」によると、中小企業の景況感は改善傾向にある一方で、大企業との生産性格差は拡大している。そこで多くの中小企業では生産性向上のために前向きな投資を行っていると回答している。

　協立金属工業においても、生産性向上は常に取り組んで来た課題の１つである。製造装置の稼働率が1％向上するだけで、年間600万円の収益アップが期待されるからだ。

　同社が主力としている伸線加工とは、太いワイヤーを入り口と出口で大きさの異なるラッパ状の穴を有する機械に何度も通して引き抜くことで、目的の細さにしていくという加工方法だ。このような加工を行う装置を使って作られたワイヤーは、最終的に糸巻き状にして出荷されるのだが、どんな用途のワイヤーを作るかによって、金属の種類や穴の数や伸線の速度などの伸線条件の設定や潤滑剤の選定が異なる。その決定は人が行う。しかし最適な設定ができれば、稼働率は一定に保たれるわけではない。伸線加工においては機械部品の交換タイミングが重要なポイントになるからだ。摩耗がひどくなり、交換タイミングを誤ると稼働率が下がるだけではなく、精度や品質も下がってしまう可能性がある。そのため、特に医療用など高い精度が求められる超極細ワイヤーの製造では、長年の経験で培ったノウハウや知識を持つベテラン作業員のノウハウが必要となるという。

　もちろん、製造時にトラブルが起こったときの対処の方法などについても同様だ。医療や自動車という最先端の分野を相手にしており、機械化が進んでいるといえ、伸線加工の世界はまだまだ匠の世界の要素が残っているのである。

　90年代前半から2000年初頭にかけて、「失われた10年」と呼ばれているように日本経済の景気は低迷した。協立金属工業もこの期間は、「人の採用をしなかった」という。そのため同社の年齢構成は二極化しており、40代〜50代の中堅がいないのだ。「私と同世代のベテランとあとは20代、30代の若手で構成されています。特に多いのが20代で、3分の2弱を占めているんです」と松村氏は明かす。

　協立金属工業のような匠の技が必要となる現場において、生産性を向上させるために欠かせないのが、製造装置の稼働率向上もさることながら、人材育成と技術継承をいかに効果的に行うかなのである。

■ 日本と同じ悩みを抱えていたドイツでは IoT を積極活用

　人材育成と技術の継承。この相互に絡み合う課題をどうやって解決すればよいのか。そのヒントは、2016年に横浜市経済局およびIDEC（横浜企業経営支援財団）、民間企業など総勢20数名で訪れたドイツにあったという。

　ドイツでは 2011 年から産官学が総力をあげて取り組む製造業のデジタル化を目的とした巨大プロジェクト「インダストリー 4.0」が進行していた。このような動きはドイツだけではない。IT 先進国アメリカも、IIC (Industrial Internet Consortium) を設置し、Industrial IoT (IIoT) を推進させていた。

　このように世界が大きく動いていく中で、日本でも IoT やビッグデータ、人工知能の活用を促進するため、2015 年、IoT 推進コンソーシアムが設立された。IoT 推進コンソーシアムは IoT 技術の開発や標準化を進める技術開発ワーキンググループ、セキュリティやプライバシー関連などの専門課題の解決を図る専門ワーキンググループのほかに、先進的なモデル事業の創出や規則改革などの環境整備を行う IoT 推進ラボが設置された。そして翌 2016 年には地域での取り組みを通じた IoT ビジネスの創出を支援する地方版 IoT 推進ラボの募集を開始した。横浜市はこのような国の動きに素早く対応。2016 年 4 月にドイツ・ハノーバーで開催された世界最大級の産業見本市「ハノーバーメッセ 2016」を視察する企画を立案したのである。

図表 7-2　協立金属工業が導入したシステム構成のイメージ

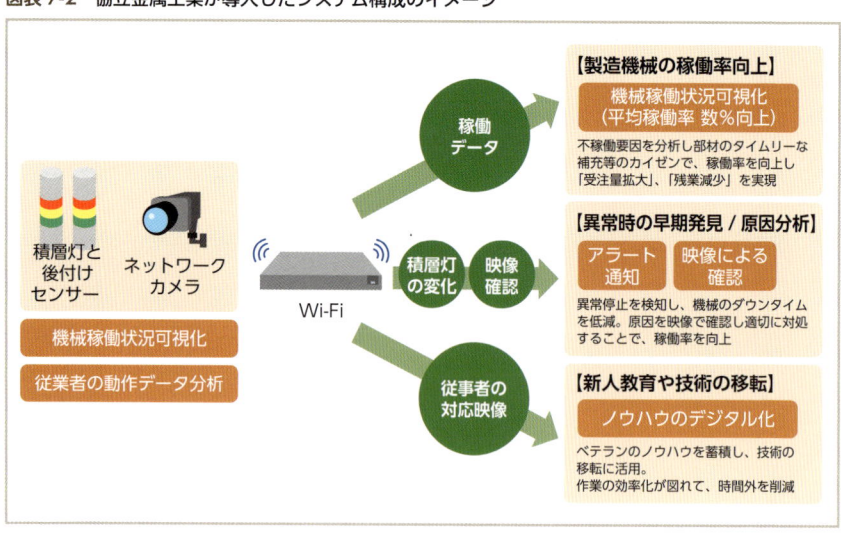

　協立金属工業を含めモノづくり企業 5 社と IT 企業 2 社のほか、横浜市経済局の担当者が参加。計 20 人でこの見本市を視察している。

　ハノーバーメッセ 2016 のメインテーマは「産業システムの統合化」。併せて日独経済フォーラム（第 10 回）が開催され、テーマとして「実践の場におけるイン

ダストリー 4.0」および「中小企業に対する IoT 利用の支援」が議論された。

インダストリー 4.0 を実現するため、大手グローバル企業はもちろん、中小・スタートアップ企業が IoT や AI を活用したソリューションを中心に展示していた。飛行機の安全運行のためのソリューションなど、最新の技術を見たことで、「IoT の活用は当たり前のものになる」と実感した。さらにこのとき、ドイツのある州を横浜市が表敬訪問をすることとなっていたため、その州の経済官僚と横浜市の代表者が意見交換する場に同席する機会を得られたという。

そのとき分かったのは日本同様、ドイツも全企業数のうち大半が中小企業で占められており、日本より小規模な企業が多いということ。また日本同様少子高齢化が進むドイツでも、中小企業は人材不足に悩んでおり、次の世代に技術をいかに継承していくかが大きな問題となっていた。ただ、日本と異なるのは、ドイツには移民問題があるということ。現在は方針転換が図られているが、ドイツでは 2015 年より大量の移民を受け入れてきた。

「他国から流入してくる移民は、言語も違えば教育水準も異なります。国は違えども、私の会社と同じ課題を人材育成と技術の継承という問題で悩んでいることを知りました。その課題を解決するためにドイツでは IT や IoT を活用していたのです。ドイツ経済の状況は日本と非常に似ている。ドイツでの取り組みを参考に、当社も技術の継承や人材育成に IoT を活用したいと考えるようになりました」

こうして松村氏の IoT 活用への意欲は高まった。

■ I・TOP 横浜の支援を受け、IoT 導入にチャレンジ

IoT を活用して何ができるか、何をするか、日本でもドイツ同様、取り組む主体と目的によって様々な解がある。松村氏は、NTT 東日本の担当者とディスカッションを重ね、一番シンプルではあるが、極めて重要な課題の 1 つであった生産性の向上に向けて一歩を踏み出すことにした。生産性の向上については、これまでも経営側と現場で様々な努力と工夫を重ねてきており、すでに一定のレベルには達していた。しかし、加熱する国際競争の中で、世界のレベルに伍して闘っていくには、さらなる改善を図る必要があり、抜本的な新しい仕組みの導入を模索していた。

そこでまず取り組んだのは、生産性に直結する課題である機械の稼働率向上であり、これを数値として把握できるレベルまで可視化することだった。工場の機械設備には、様々な計測器やセンサーが据え付けられている。これらのデ

バイスは、それぞれ必要な用途に合った情報を拾い、伝え、その役割を果たしているが、いざこれらの情報から総合的に稼働状況や稼働率を把握し可視化するとなると、それは決して容易なことではなかった。ある目的で設置されたものを、本来の目的以外の用途で使うには、それなりの創意や工夫が必要となるものである。

　そのような中で、NTT東日本から提案されたのは、まず各装置の稼働状況を監視している積層灯（表示灯）の傍にセンサーとしてのネットワークカメラを設置し、この動作状況をより分かりやすい情報として把握する方法[1]だった。さらに、ラインの回転盤の動きを速度センサーで計測し、稼働率を可視化しようという提案がなされた。

　積層灯自体は、もともと各装置に設置されており、機械の稼働を常時監視し、稼働中、正常停止（稼働中－停止中）、停止（電源ON、OFF）といった状態を緑、黄、赤の点灯組合せにより作業員に知らせる役割を担う。この積層灯の表示により、装置の現時点での稼働状況は認識できるが、現在の表示状態にいつからなったのか、あるいはどのような点滅経緯があったのかを、人間が的確に把握するには難があった。

図表 7-3　センサーとカメラの設置イメージ

---

[1]　ビジネスモデル特許出願中（特願 2018-65021）。

図表 7-4　積層灯（表示灯）

　しかし、この積層灯を監視するカメラにより、三色ランプの点灯状態を画像識別することで可視化し、さらに上記の速度センサーの情報と組み合わせることで、稼働率と稼働状況の両方を総合的な稼働情報として把握することができるようになった。

　そもそも作業人員は、常に積層灯の傍にいるわけではない。以前は、機械が停止したとき、たまたま別の作業場にいてすぐにその停止に気づかず、機械を動かす処置がなされないまま、しばらくの間、機械が止まった状態となっていたことがあった。カメラによる遠隔監視の仕組みを取り入れたことで、足を運んで機械の状況を見に行かなくても、工場内外の遠隔地点から機械の運転状況をチェックできるようになり、機械の停止時間は短くなり、稼働率の向上に繋がった。同時に、機械をチェックに行く作業員の負担も軽減することになった。

　なお、カメラの設置にあたっては、一律にただカメラを置けばよいというわけではなく、現場の環境や条件に合った設置方法を考慮する必要があった。積層灯の色をとってみても、照明との位置関係や、夏場・冬場の季節によって、カメラが捉える色も微妙に変化してくる。条件が変わると、データの内容も変わり得るのである。

　また、積層灯のデータについても、機械的に集めるだけでなく、データを取得した後に活用しやすいものとして蓄積しておくと、その効果がさらに活きてくる。

　このため、現場の作業員とNTT東日本の担当者が打合せを重ね、最適なデータの取得方法とともに今後の展開も踏まえたデータ活用について検討を行った。

図表 7-5　速度センサー

「IoT は『Internet of Things ＝モノのインターネット』ですが、私は『Internet of Think』だと、3 代目となる息子をはじめとする若手社員に言っています。つまり、考えるものであると。

　稼働率や生産性を向上させるために、IoT で得られたネタを元に考えていくことだと思うんです。例えば稼働率が落ちたときに何があったのか。日報からそのとき部材の交換に時間がかかった、材料切れがあった、ということであれば、その効率を上げることを考える。そういう改善策を考えるネタとして活用していくことなんです」

　松村社長はさらに続ける。

「もう 1 つは人間ではなかなかできない、機械部品や工具の摩耗具合の予知への活用です。現在の速度や温度のデータだけで不十分であれば、機械内部や工具の状態のデータを収集し、どういう状況になると交換タイミングなのか、これまではベテランの作業員の勘と経験に頼っていた部分が数値化できるようになります。この辺りの取り組みについては、若い人たちに任せています。どんなことを考えて取り組んでいくのか、これからに期待しています」

　積層灯を写すカメラのほかに、ベテラン作業員の動作を撮影したネットワークカメラの映像も、技術の継承のための有効な手段として活用が始まろうとしている。

　ある壁面の 1 カ所に、ライン周辺全体を見渡せる広角対応のネットワークカメラを設置し、従業員の作業内容を映像で把握しようというものだ。このカメラは、積層灯のカメラと連動し、異常が検知されると、その前後 5 分の映像を

クラウドに保存するという。

　ベテラン作業員と一般の作業員の習熟度の差は、通常の作業ももちろんだが、特に異常事態が発生したときの修復対応に顕著に表れやすいという。この修復対応をその都度映像として保管しておけば、文書化が難しい作業手順や、マニュアルから漏れていた重要なノウハウを活きた記録として保存・蓄積できる道が開けてくる。

図表 7-6　ネットワークカメラ[2]

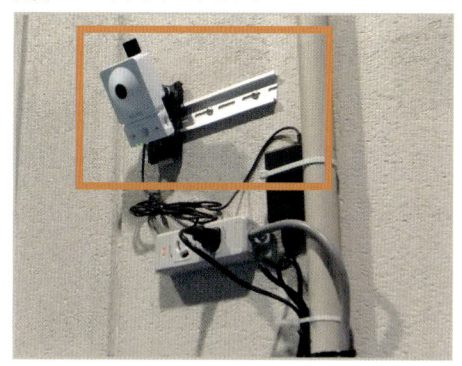

図表 7-7　カメラから見た広角映像[3]

　「これまで文字だけだったマニュアルの中に、今回導入したカメラで撮影した動画や画像を取り組んでいく予定です。今一番、改善したいと思っているの

---

[2]、[3]　写真の機器と映像は、それぞれトライアル当時のものです。

は、ISO 品質マネジメントシステムのための作業標準。未経験者でもすぐに分かるようなものに改善できればと思っています。そういった新しいマニュアル作りも若い人たちに任せています」

図表 7-8　ネットワークの構成イメージ [*4]

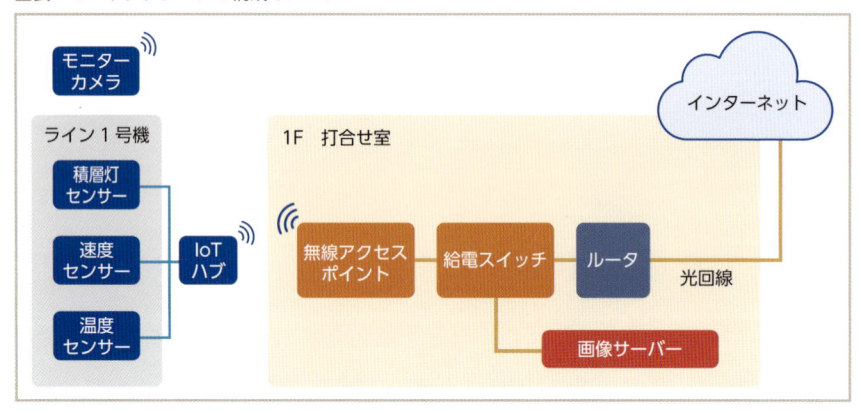

□ IoT の活用は次代を担う若手の思考力・発想力に期待

　このように協立金属工業では、当初は社長のトップダウンによる IoT 推進だったが、今は若手に任せる姿勢を取っている。

　「今、働いている人たちが作業の中で本当に困っていること、作業時間を取られていることを解決する手段として IoT を取り入れるのが、私の狙いだからです。だから IoT は Think なんです。社員一人ひとりが IoT の目的を考えていく。例えば機械の故障を予知するという目的のために、こんな IoT の仕組みを実現したいというのであれば、それが実現できるよう、専門家の人と繋ぐなど支援をしていくのが私の役割です。見える化、データの有効活用の取り組みが始まるのはこれからです。それによってどう伸線業を変革していくのか。次世代を担う若い人たちの思考力・発想力に期待しているところです」

　ベテラン作業員の知恵・ノウハウを IoT で補い、今まで同様、いやそれ以上の高い品質の製品を効率的に提供する。ネットワークカメラ導入による稼働状況の可視化により、ようやくその一歩を踏み出した協立金属工業。同社の IoT

[*4]　本図は、トライアル時点でのネットワーク構成イメージです。

を活用したチャレンジはこれから本格化する。

> ## まとめ
>
> **課題**
> - 製造装置の稼働状況を把握し、生産性向上に向けて改善策を実施したい
> - 現場に行かなければ機械の稼働状況が把握できず対応が遅れる事態を防ぎ、稼働率の向上を図りたい
> - ベテランと若手の二極化構造を踏まえ、技術継承をより効果的、効率的に進めたい
>
> **導入**
> - 積層灯（表示灯）をカメラで撮影し、稼働状況を把握するカメラセンサーを1台設置し、稼働状況の把握に活用
> - 撮影した画像データをアップロードし手元のパソコンで遠隔監視する
> - ベテラン作業員の動作を撮影するカメラを設置し、動画を用いて作業標準を作り技術継承に繋げる
>
> **効果**
> - 各製造装置の稼働率の把握が実現できた
> - 遠隔監視が可能になり、省力化に貢献した
> - 生産性向上に繋げるための土台ができた

ベテラン作業員のノウハウを
若手に継承することが
生産性向上に欠かせない

松村 洋一（まつむら よういち）氏
協立金属工業株式会社
代表取締役社長

—— 伸線業の生産性は製造装置の稼働率だけではなく、作業員の技量も大きくかかわっていると聞きました。

　例えば医療や自動車などの分野では、非常に高い精度のワイヤーが求められます。そういった高い精度の加工を担当するのはベテランの作業員。彼らの勘やノウハウに頼っているのが現状です。というのも製造装置を動かしているのは人です。どんな用途のワイヤーを作るかによって、機械で設定する金属の種類や伸線の速度などの伸線条件が変わります。最適な設定ができれば、ある程

度機械任せにはできるのですが、伸線加工のためのダイス（加工部材）は摩耗するため、交換が必要になります。そのタイミングを誤ると、稼働率が下がるのはもちろん、品質の低下にも繋がります。そういった製造上のノウハウはすべて、ベテラン作業員の頭の中です。当社だけではなく、多くの製造業がそうだったように、バブル崩壊からの10年間、業績が厳しく、人の採用をストップさせていました。そのため、現在の当社の人員構成は私と同年代の50代後半から60代のベテランと、20代、30代の若手に二極化されています。中堅層がいないのです。ベテランはいずれリタイアしていきます。いかにベテランの技術を若手に継承するかも当社が生産性を向上させる上で欠かせない条件だったのです。

—— 装置の稼働率向上とベテラン作業員の技術継承、この2つの課題を解消するための手段としてIoTが使えるということですね。

横浜市が展開するオープンイノベーションによる新たなビジネスを創出する仕組み「I・TOP横浜」に参加し、IoT導入のための支援をしてもらうことにしました。私たちのニーズを聞いて、紹介されたのがNTT東日本でした。

まず、生産性の向上を図るため、製造装置の稼働率を把握することから始めようということになりました。NTT東日本から提案された仕組みは、各装置の稼働状況を監視している積層灯をカメラセンサーで撮影し、それを数値に変換して稼働率を把握するという方法でした。この方法だと導入コストも安価に抑えられることに加え、もう1つの課題だった製造装置の遠隔監視ができるようになります。というのも現場の作業員は1人で複数台を受け持っているため、材料の投入やダイスの交換が遅れることもあり、稼働率の低下に繋がっていたからです。現在、積層灯の状況は常に現場にいなくても、パソコンの画面で確認できるため、稼働していない時間の削減とともに省力化も実現しています。

—— ベテラン作業員の技術継承については、どのような仕組みを採用したのでしょう。

こちらもカメラを使っています。ベテラン作業員の動き全体が撮影できる位置にカメラを取り付け、それをアップロードして蓄積しています。現在は映像を蓄積している段階ですが、今後はそれを新人研修などに活用していきたいと考えています。また当社はISO品質マネジメントシステムを取得しています

が、その作業標準はテキストでしか用意していません。しかし経験年数の少ない人にとっては、作業標準を理解することは難しい。そこで未経験の人でも分かりやすいように、動画や画像を使って改善していきたいと思います。

—— 今後の展開について教えてください。

　カメラセンサーを導入したことで、各装置の稼働状況は把握できるようになりました。今は改善のためのネタがようやく集まりつつある段階です。そのネタを活用してどう業務の改善、生産性向上に繋げていくのかを考えるのはこれからです。実際に現場で働いている若手の皆さんの発想力や思考力に期待しています。

第 8 章

製造現場の可視化を進め
稼働率と生産性を向上

友栄塗装株式会社
トーメックス株式会社

IoT 活用で製造現場の可視化を進め2 割の生産性向上を目指す

友栄塗装株式会社、トーメックス株式会社

　板金加工と金属焼付塗装を一貫して行う友栄塗装、トーメックスは業界では知られた会社で業績も好調だ。しかし、中小規模の会社に共通の人材確保の難しさはここも例外ではない。増田学社長は、人材採用のための環境対策、生産性向上、原価削減を一体的に進める方針で、生産設備の稼働率向上に IoT を活用することから着手すると決めた。第 1 ラウンドの成果が見えてくる中で、次のステップに踏み込もうとしている。

プロフィール			
友栄塗装株式会社		**トーメックス株式会社**	
設立	1960 年	設立	1971 年
所在地	本社：埼玉県川口市	所在地	埼玉県川口市
従業員数	127 名	従業員数	45 名
事業内容	金属焼付塗装、前処理加工全般、建築塗装工事業	事業内容	物流機器・建材などの製作、板金加工および塗装、その他

生産性向上こそが中小企業の存続の道

　川口市は吉永小百合主演の映画「キューポラのある街」で有名となった埼玉県2番目の都市だが、今は東京通勤の巨大ベッドタウンとして知られると同時に、鋳物・金属加工などの伝統を承けた工業地帯を抱えており、JR川口駅前にはキューポラ（溶銑炉）のモニュメントが立っている。

　その埼玉県川口市に本社を置く友栄塗装株式会社は、金属焼付塗装を主な事業としている。1960年に設立された後、1971年には設備部門を埼玉熱機株式会社（現トーメックス株式会社）として独立させている。埼玉熱機は塗装設備のメーカーとして立ち上げられたが、現在は板金加工が売上の8～9割を占める。トーメックスで板金加工した後、そのまま焼付塗装できるという一貫工程の強みを活かし、業界では知られた存在となっている。

　友栄塗装は従業員127名、トーメックス45名で決して大企業とは言えないが、顧客には食品、書架、建機、家具などの業界のトップ企業が名を連ねている。増田学氏は2代目の社長として業容を拡大してきたが、現在、業績も好調そのものだ。

　増田氏は、川口商工会議所において中小企業政策専門部会の部会長を務め、この間、中小企業をとりまく経営環境の変化と諸課題の取り組みに尽力してきた。特に「第四次産業革命」が言われ、政府のIoTによる産業革新の取り組みが始まる中、川口商工会議所でも行動を起こす機運が高まっていた。

　この専門部会にNTT東日本の埼玉南支店の支店長も出席しており、部会長のリードで具体的な取り組みの検討が始まった。中小企業全体が人材確保、生産性向上、残業対策などの課題で苦しむ中、増田氏は率先して問題解決に取り組むことを決めた。まず自らの工場でIoTによる革新の道筋が付けられないかと実践することにしたのだ。

　「中小企業では、新たな人材を雇用することも難しくなっています。ここ数年、人件費は高騰を続けており、良い人材を雇用できないという悩みを抱える中小企業は多い。今後、労働力人口の減少が本格化することを考えると、人材の雇用はさらに難しくなっていくでしょう」

　さらに、続ける。

　「その対策として考えられるのは労働環境の整備ですが、例えば働きやすい職場を作るために空調を導入するといったこと1つにも支出が発生します。また、仮に従業員を採用できたとしても、その人を教育するのにもコストがかかります。こうした取り組みを支えるのが生産性の向上とコストの削減であり、

それによって利益を捻出しなければなりません。生産性を向上させなければ、中小企業は生き残る道がありません」

図表8-1　環境対策や人材の採用・育成のために生産性向上や原価削減が求められる

　こうして、IoT導入による生産性向上の取り組みが始まった。友栄塗装とトーメックスの両社に担当部署が置かれ、具体的な調査が始まり、生産性向上に向けて何ができるかが話し合われていった。その中で増田氏が要望したのは、工場で使われている生産設備の稼働率向上である。

　「機械が停止せず動き続けることができれば、生産性を高められます。止まってしまう理由としては、異常停止あるいは段取りの問題などいくつか考えられますが、そういった時間を極力短くできれば、手っ取り早く生産性の向上に結び付きます」

　数値目標として掲げられたのは、2割の生産性向上である。それが達成できれば、残業を行うことなく利益率を高められる。それを実現する上でポイントとなるのは、生産設備の稼働状況を的確に把握し、工程間で生じるロスの削減に繋げていくことだった。

　「我々は多品種少量生産であり、同じものを作り続けるメーカーとは異なります。メーカーであれば生産設備の異常による停止が大きな問題になると思いますが、我々の場合は工程の中で生産設備が動いていない時間を捉え、その時間を短縮することが生産性向上の大きなポイントになります」

■ 積層灯と後付けセンサーで稼働状況を可視化

　板金加工では、顧客からの要望に応じて少量生産する場合、当然、それぞれの製品によって機械の稼働方法も違うし、その製品に対応する金型を取り替えるなどの作業に費やす時間が発生してしまう。それを少しでも短縮することができれば生産設備の稼働率が向上し、生産性も高められる。ただ当初、友栄塗装およびトーメックスでは、生産設備の稼働状況を十分に把握できているとは言い難い状況だった。現状を把握することができなければ、改善することも難しい。そこで、金属板に穴明け加工を行うための「複合機」と呼ばれる生産設備に稼働状況を示す積層灯（表示灯）が付いているが、それに後付けセンサーを取り付けることにより、遠隔で稼働状況を把握できる仕組みを導入することにした。

図表 8-2　金型方式とレーザー加工の両方に対応した「複合機」

　金属板に穴を明ける際、金型を使って抜く方式と、レーザー光線で切る方式の2つがある。金型を使う方式はイニシャルコストが高くなるがランニングコストは低い。他方、レーザー加工は金型が不要なためイニシャルコストは安いが、ランニングコストが高くなる。複合機はこの両方に対応した高機能な生産設備なのだ。

　この複合機に積層灯が付いており、稼働状況に応じて赤、黄色、緑のライトがそれぞれ光るようになっている。従来は、これを見て作業員は機械の状況を判断していた。この積層灯に後付けセンサーを取り付け、どの色が光ったのかを検知、そのデータをネットワーク経由で送信してパソコンやスマートフォンでチェック可能にするという IoT の仕組みである。

図表 8-3　複合機の積層灯（表示灯）に後付けセンサーを取り付ける

　トーメックスの課長滝沢康生氏は「これまでは現場まで出向かなければ複合機の稼働状況を確認することはできませんでした。しかし今回の仕組みを導入したことで、事務所や外出先からでも確認できる環境が整えられました」と話す。

　以前は目視確認の頻度を高めることで異常停止を早期に発見・復旧し、それによってロスタイムを削減することが重視されていた。ただ、この方法では稼働状況を人が頻繁にチェックする必要があり、オペレータの作業自由度や生産性は低下してしまう。

図表 8-4　トーメックスのシステム構成イメージ

　後付けセンサーを積層灯に付けることによって、生産設備の近くに誰かを配置していなくても、異常停止が発生すればパソコンやスマートフォン経由でそれを離れたところからでも察知することが可能となった。また生産設備の稼働状況はデータとして蓄積することができるようになるので、どういった作業のときに異常が発生したのかなど可視化と分析ができるようになり、改善効果が上がるようになった。

　具体的な成果としてはまず異常停止に気づかなかったことによる生産設備の長時間停止が減少したことだ。実際の数値として、異常停止によるロスが約4.4％削減できた。またオペレータの精神的負担の軽減、そして後工程を含めた生産の遅れの抑制という効果もあがった。

◻ 次のテーマは映像を使った分析

　この積層灯と後付けセンサーを組み合わせた複合機が稼働しているのはトーメックスであるが、友栄塗装でも今後同様の取り組みを進めていく予定だ。

　増田氏は、さらにIT・IoTの活用として映像を取り入れた生産活動の分析

を検討している。

「IoT の取り組みで異常停止を素早く把握できるようになりましたが、生産性が低下する原因はほかにもあります。それを分析したいという考えはありましたが、現場の作業員が細かく作業内容を記録するのは容易ではありません。そこで作業内容を映像として記録し、分析を細かく進めていくことが必要だろうと考えています。現状の延長線上でも大枠の分析はできると思いますが、もっと詳細に把握するためには、やはり映像を活用することがポイントになるでしょう」

現状の業務に加え、その時々の作業内容を細かく記録することは現場の負担増大に繋がってしまう。トラブルが発生したとき、その原因が客観的に記録されるかどうかも疑問が残るところだろう。そこで期待されているのが映像である。生産設備、あるいは生産ラインを常時カメラで撮影しておき、問題が発生すれば映像をチェックして原因を探る。これなら、いちいち作業内容を記録する手間はなく、またトラブルの原因も客観的に把握することが可能である。増田氏はこのように映像も活用し、さらなる分析に取り込みたいという。

図表 8-5　友栄塗装のコンベアーラインのランプにも後付けセンサーの設置を検討中

図表 8-6 塗装の長いコンベアーライン。1 カ所が止まると全体が止まってしまう

　従業員の適切なアサインによる効率化も増田氏が期待している点だ。

　「様々な生産設備を使って複数の製品を連続的に製造するといった場面において、どの製品から始め、どの順番で作業を行えば工程全体が効率よく処理ができるのかということは、現状では十分に可視化ができていません。その組合せの数は膨大になり、それを采配する人のマネジメント力は生産性に大きく影響すると思います。現状はベテランの作業員が担当していますが、これらを担う次の人材をどう育成するのか。例えば、こうした部分を AI に任せることができれば非常に大きな効果を期待できるでしょう」

□ 今後は最初から IoT を取り入れていく

　友栄塗装とトーメックスにおける IoT の取り組みはまだ始まったばかりだが、増田氏は大きな可能性を感じているようだ。実際、両社は合同で IT・IoT 推進委員会を設け、どうすればより効果的に IoT が活用できるかを議論している。こうした活動によって IoT 化を推進するほか、新規設備の導入においては設計段階から IoT を取り入れ、効果的で低コストの IoT を実現したいと考えている。

　社内データのデジタル化も進められようとしている。現状は紙ベースだが、デジタル化されれば営業から生産管理、品質管理、製造、デリバリー、さらに

事務業務との間でシームレスなデータ連携が可能となり、業務効率化に繋がると期待されているためだ。このようなデータと映像を組み合わせ、相乗効果が生まれることも増田氏が期待していることの 1 つだ。

　生産現場における IoT への期待は大きく、ドイツの Industry 4.0 など各国で積極的な取り組みが進められている。日本でもセンサーやロボットなどの導入を支援する「コネクテッド・インダストリーズ税制（IoT 税制）」が経済産業省によって創設されるなど、IoT 普及に向けた取り組みは進められている。

　ただ大手メーカーのように積極的に投資を行って生産現場を一新するといったことは難しく、現状に合わせて IoT の技術を取り込み、着実に生産性を高めていくといった取り組みが求められる。友栄塗装・トーメックスと NTT 東日本が共同で取り組んだこのプロジェクトはまさにそれを具現化したものであり、大がかりなシステムでなくても生産性向上に繋がる成果を生み出すことが可能であることを示している。

まとめ

課題

- 良い人材を雇用することが難しくなるなか、労働環境を整備したい
- 生産設備の稼働率向上を通じて生産性の向上を図り、利益率を高めたい
- 生産設備の稼働状況を十分に把握できるようにしたい

導入

- 生産設備の稼働状況を示す積層灯（表示灯）に後付けセンサーを付け検知する
- 稼働状況のデータをネットワーク経由で送信してスマートフォンからもチェック可能に
- 生産設備や生産ラインをカメラで撮影し問題の発生原因を探る

効果

- その場にいなくても生産設備の稼働状況を把握できるようになり、生産性向上に繋がった
- 異常停止を迅速に検知でき、異常停止によるロスを 4.4% 削減できた
- オペレータの負担が軽減し、作業自由度と生産性が高まった

IoT への取り組みを進めて
生産性の向上と
労働環境の改善を図りたい

増田 学（ますだ まなぶ）氏
友栄塗装株式会社
トーメックス株式会社
代表取締役社長

―― IoT に取り組むことになった背景を教えてください。

　現在、中小企業は人の採用が非常に難しくなっています。その対策として考えられるのは労働環境の整備ですが、例えば働きやすい職場を作るために空調を導入するといったことにも支出が発生します。また、仮に従業員を採用できたとしても、その人を教育するのにもコストがかかります。企業として、こうした取り組みを基底で支えるのが生産性の向上とコストの削減であり、それに

よって利益を捻出しなければなりません。

　利益を生み出して労働環境を改善しなければ、人材を採用することも育成することもできません。一方でモノづくりの現場における高齢化は進んでいます。そうして腕の立つ人たちが抜けていく一方で、地元の工業高校からも簡単には人材を採用できない。こうした状況で事業を守るためには、やはり生産性の向上とコスト削減に地道に取り組む必要があるでしょう。

　もちろん、こうした取り組みはこれまでも行ってきましたが、従来の延長線上では手詰まり感がありました。人手が足りない、時間が足りない。その上、働き方改革にともなう残業問題が発生したほか、人件費も年々上昇しています。これはまずいぞと考えていたとき、IoT が大きな話題になっていることに気づきました。IoT に取り組んで生産性向上を図り、労働環境の整備をしていこうと考えました。

―― 人材確保は、中小企業にとっては大きな課題ですね。

　現状で言えば、定時での作業だけでは利益を生み出すことは困難です。塗装や板金を行って対価をいただく加工賃が主な収入である場合、やはり時間を使って作業量を稼がなければなかなか利益に繋がらず、機械の償却も進みません。逆に作業量をある程度確保することができれば、割増の残業代を従業員に支払っても利益を出せます。ただ、そこで難しいのは季節変動です。私たちの場合、時期によって受注量が 7 倍ほど変動することもありました。残業ではなく、新たに人を雇い入れて作業量を確保しようとすれば、繁忙期はともかく閑散期は確実に人手が余ります。そのため、単純に人を雇い入れることは難しいのが現状です。

　そこで、生産性向上のため、IoT 活用の取り組みは不可避だと思ったわけです。

―― 今回の成果の上に、今後、IoT の領域でどのようなことに取り組みたいとお考えでしょうか。

　映像を活用した分析です。例えば塗装のラインで言うと、いずれかの工程でトラブルが発生するとライン全体が停止します。しかし、止まれば生産性は低下するので絶対に止めたくない。そのため、なぜ止まったのかを分析するために映像を活用できるのではないかと考えています。

　現場で止まった原因までいちいち記録するのは負担が大きいので、システム

を使って映像で解析する。そういったことに映像を活かせるのではないかと考えています。

　特に塗装を行うラインの場合、脱脂や水洗、表面調整、化成皮膜、焼付、乾燥、検査と様々な工程があります。止まった時間を計測するだけなら簡単ですが、その理由まで分析しようと考えるとやはり映像を使って解析する必要があるでしょう。

　そういった要望を NTT 東日本にぶつけて、それがヒントになって新しいサービスが生まれればメリットがあるのではないか。そのように考えて取り組みを進めています。

—— 確かに映像 IoT というジャンルもありますから、様々な分析に使えそうですね。

　実は私は川口市の防火安全協会の副会長も務めているのですが、火災理由の中で大きいのは放火でした。しかし最近は放火による火災が激減しています。その理由として考えられているのが映像です。最近ではコンビニエンスストアなど様々なところに監視カメラが設置されているほか、ドライブレコーダーを取り付けている自動車も増えています。こうして記録された映像の分析によって放火犯の検挙率が高まり、それが背景となって放火が減ったのではないかと言われています。

　このように映像の力は大きいと考えているのですが、特に日本では監視というイメージが強く、現場が抵抗するケースが多いようです。ただ監視ではなく作業を分析し、生産性を高めるために活用していきたい。それによって残業を削減しつつ、これまでと同じ水準の給与を支払っていく。このように IoT をはじめとした技術を積極的に活用して生産性を高め、労働環境の整備や改善に繋げていきたいですね。

第9章

ものづくり・農業・観光で IoT を地域ぐるみで実践

山梨県

県内のものづくり産業・農業・観光分野で IoT 推進産官学民の連携でサポート

山梨県

　国をあげて IoT 推進の取り組みが進む中、いち早く地域・企業の課題解決を支援するプロジェクトを推進しているのが山梨県。2017 年 8 月、「山梨県 IoT 推進ラボ（やまなし IoT ラボ）」が経産省から地方版 IoT 推進ラボとして選定され、「ものづくり産業」を中心に「農業」、「観光」分野も含めて、地域の企業・農家による IoT など先進技術の活用に対する支援を始めた。さらに 2018 年 7 月、山梨県の金融機関、地域の IoT サービス提供企業と連携し、「やまなし IoT みらいアシスト」をスタート、さらに実践的なアクションを加速させている。個々の企業だけではなく地域ぐるみで多数のプロジェクトが実際に動いている山梨県の取り組みが注目を集めている。

プロフィール

山梨県

県庁所在地	甲府市
総人口	818,455 人
面積	4,465.27km^2

□ 山梨県 IoT 推進ラボ設立、 3 つのワーキンググループでスタート

　少子高齢化の進行による地域の企業や農家の人出不足、後継者不在などは深刻な経営問題であるばかりか社会的諸課題となっており、地方創生は政府・自治体の大きなテーマとなっている。一方、IoT は社会や産業を大きく変えるテクノロジーであり、その活用は社会的諸課題を解決し産業振興を進めるものとして、政府・自治体においても様々な支援策が推進されている。

　山梨県では、地域における IoT 推進プロジェクト創出の活動にいち早く取り組み、2017 年 8 月、県が事務局となる「山梨県 IoT 推進ラボ（やまなし IoT ラボ）」が、経産省の「地域版 IoT 推進ラボ」に選定された。山梨県 IoT 推進ラボは、山梨県の基幹産業である「ものづくり産業」を中心に、県の特色である「農業」、「観光」分野も含めて、地域の企業・農家による IoT など先進的技術の活用を産官学民連携により支援しようとするものだ。

　設立された背景について、山梨県産業労働部の新事業・経営革新支援課、新市場獲得・経営革新担当の課長補佐で、やまなし IoT ラボ事務局を務める河野明氏は次のように説明する。

　「全国的に IoT、AI を活用して地域を盛り上げる動きが起きてくる中で、私たちもこの流れを逃してはいけないと検討を進めました。県内でも農業をはじめいくつかの先進的な取り組みがありましたので、それらも引き寄せ、県全体として推進のための連携の枠組みを作ることになりました」

　さらに、続ける。

　「山梨県は機械電子産業が基幹産業となっています。こうした製造業における IoT の注目度は高いのですが、大企業と異なり地域の企業では IT に関する高いスキルを持った人材はなかなかいないため、具体的に取り組むのは難しい状況にあります。県内の企業の 99% は中小企業なのでそれをどう解決していくか、これからの山梨県の大きなテーマだと考えました。そして、経産省のアドバイスもあり、ものづくり産業のほか、山梨県の特色を打ち出すことができる農業と観光分野も加えて、IoT 活用の取り組みを支援するために、県内の企業・団体が勢ぞろいして山梨県 IoT 推進ラボの設立となりました」

　こうして、県が事務局となって山梨県 IoT 推進ラボ（やまなし IoT ラボ）が発足した。

　このプロジェクトの目的として、企業や農家の課題解決、そして地域の競争力・魅力を高めて持続可能な社会を実現することが掲げられ、地域間連携や情

報共有を積極的に行い、成功事例を地域に還元することも決められた。

　山梨県IoT推進ラボの取り組みを支えるため、山梨県の多様な企業・団体が参加し、活用支援や導入支援、プロジェクト支援・人材育成支援、シーズ・ニーズ提供など、様々な役割を果たすことになった。地域の金融機関、そして保証協会が参画している点も見逃せない。単にIoT推進の旗を振るだけでなく、その導入において必要となる資金面での援助も視野に入っている。

図表9-1　山梨県IoT推進ラボ（やまなしIoTラボ）の支援体制

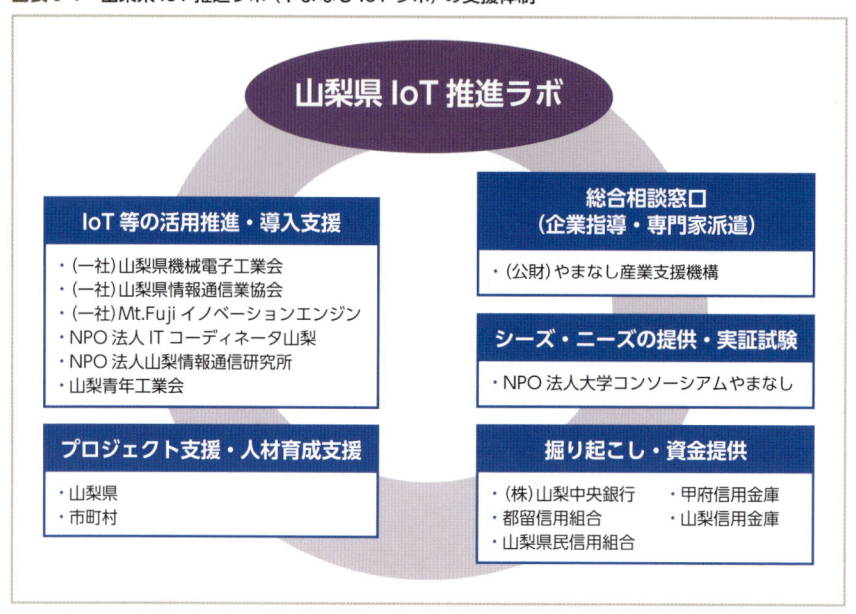

　山梨県IoT推進ラボは、3つのワーキンググループで取り組みが始まった。「AIロボット用アプリケーション開発」、「アグリイノベーションLab」、「体験型観光における共体験システム」だ。

　山梨県IoT推進ラボのキーパーソンの一人が、一般社団法人Mt.Fujiイノベーションエンジン事務局長の戸田達昭氏だ。戸田氏は地元企業のシナプテック株式会社 代表取締役CEOであり、ワーキンググループ「アグリイノベーションLab」の推進役でもある。

　「大事なことは理念のない方法論に意味はないということです。IoTは方法に過ぎません。現在の局面では、方法にすぎないIoTを最初に掲げ、HowとWhatに傾いて混乱している取り組みが多く見受けられるように思います。

Why が大事です。我々は理念を先に掲げていることが大きな特長です。その理念を達成するために様々な活動をする、するとまた課題が見えてくる、それを克服するために新しいことを考え、さらに実装を進めるという順序だと思います。私たちの取り組みの根底にあるのは、山梨を元気にしましょうというものです」

■ 「やまなし IoT みらいアシスト」 プロジェクト開始

山梨県 IoT 推進ラボの3つのワーキンググループの取り組みを紹介しよう。

まず AI ロボット用アプリケーション開発では、ロボットを利用した小学生の音楽の授業を支援するシステムを開発した。これは、ロボットの可能性をさらに広げることを目的としたコンテストで決勝にまで進出している。

2番目のアグリイノベーション Lab は、果樹栽培のデータを収集・分析し、「稼げる農業」、「農地ブランド化」を目指す取り組みである。

山梨県は豊かな自然や観光資源に恵まれており、国内有数の果樹産地でもある。その地域特性、そして都心部から比較的近いという地の利を活かし、農業分野におけるリーディングシティとして IoT やバイオ技術の成長分野に積極的に取り組む姿勢を内外に示すことで、多様な担い手が参画する仕掛けを創出し、「持続可能な社会作り」や、それを担う「稼げる農業」の実現に向けた基盤を形成することを目的としている。

農業における IoT への期待は大きいものがあるが、アグリイノベーション Lab では、それを持続可能な社会づくりにまで発展させようと考えている点が肝となる。具体的には農業データの見える化や活用、ノウハウの蓄積を推し進め、それを6次産業の活性化に繋げた上でブランディングの向上や儲かる農業を確立し、地域発の新規ビジネスの創出、そして持続可能な社会づくりに繋げていくというストーリーだ。これを支える体制として、山梨市と JA フルーツ山梨、シナプテック、NTT 東日本 山梨支店がコンソーシアムを結成している。すでに大きな成果を生み出しているこのワーキンググループについては、本書の JA フルーツ山梨の章でも取りあげている。

3番目は、山梨県が誇る豊富な観光資源にテクノロジーを組み合わせ、新たな観光需要の創出を目指すためのワーキンググループで、体験型観光における共体験システムである。これは SNS を活用し、時間や場所にとらわれることなく、複数の人たちの間でイベントの体験を実現することを目指した取り組みである。

　これに加えて、さらに2018年7月、山梨県IoT推進ラボでは、山梨県の金融機関、地域のIoTサービス提供企業と連携し、「やまなしIoTみらいアシスト」のプロジェクトを設置した。4番目のワーキンググループにあたる。「地域・企業の課題解決を支援するプロジェクト」で、地域の企業・農家の生産性向上、人材確保・省力化、働き方改革などの実現に向けて具体的な取り組みを進めようというものだ。

図表9-2　IoTプロジェクト創出に向けた4つのワーキンググループ

ものづくり産業分野	農業分野	観光分野	金融機関との連携（新設）
AIロボット用アプリケーション開発 AIロボットを作動させるアプリケーション開発・楽器センサー情報を発信する	**アグリイノベーションLab** 果樹栽培に係るデータ等を収集・分析し、「稼げる農業」、「農地ブランド化」を目指す	**体験型観光における共体験システム** SNSを活用して、時間や場所にとらわれないで、イベントを共に体験しようとする取り組み	**やまなしIoTみらいアシスト** 金融機関とIoTサービス提供企業とが連携し、地域の企業・農家へのIoTなどの先進的技術の活用を促進

　やまなしIoTみらいアシストの特徴は2つある。1つは、「使いやすいIoTサービス」と「トライアルによる効果」を主眼にしていること。

　すでに大企業ではIoT、AIを活用した取り組みが始まっているが、地域の企業や農家では「IoTを利用してみたいが何から始めてよいか分からない」、「そもそもIoTを導入したり活用したりできる人材がいない」という声が多い。そこで、IoT・AIの活用をもっと身近にし、具体的な成果に繋げるために、地域の多様なプレーヤーが連携する枠組みを作って地域の企業や農家をサポートすることを目的に設置されたのだ。山梨県IoT推進ラボの設立の趣旨の実現に向けて、さらに地域企業との連携が踏み込んで進められていくのだ。

　2つ目の特徴は、金融機関との強い連携を作り、IoT・AIの利活用を促すことを目的に、取得したデータを活用した経営支援、コンサルティングなどを行うようにしたことだ。

　企業や農家は利益を生み出すための経営を行っており、IoT・AI導入も資金がともなって初めて実行が可能となる。逆に、金融機関としては地元の企業・農家のニーズが把握でき、成長しようとしているところに有効な融資をすることが可能となるわけだ。

　河野氏は、「我々としての意図は、金融機関が企業に対してIoTの利点を説

明できて、さらにコンサルティングできるくらいの知識を持ってもらえればと、考えたことです。やはり企業にとって金融機関は身近な存在であり、その接点がIoT導入のきっかけになればと期待しています」と述べる。

図表9-3 「やまなしIoTみらいアシスト」プロジェクトの取り組みイメージ

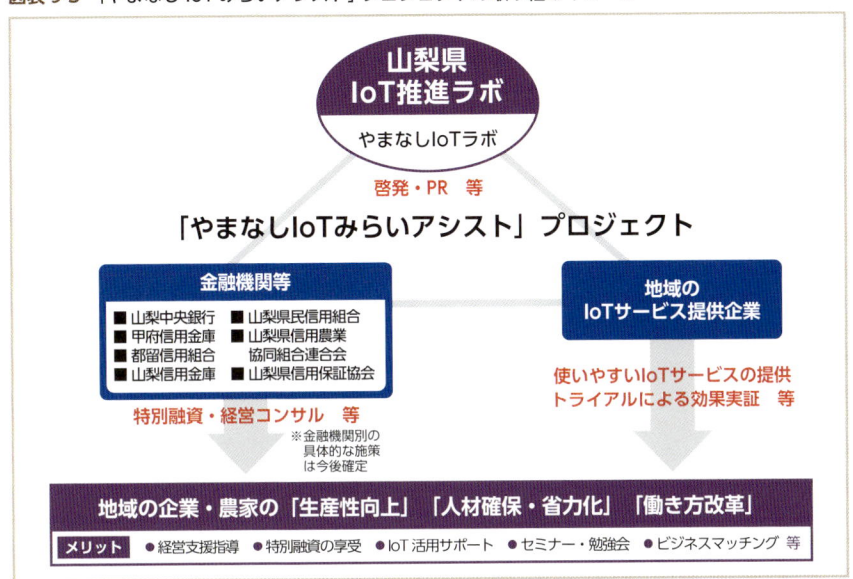

🔲 地域全体を活性化させるためにIoTを活用

すでにIoTは多くの企業で取り組まれているが、その内情はPoC（概念実証）で留まっているケースが多い。その理由は様々だが、経営層からトップダウンでIoTに取り組むよう指示されたが、現場ではIoTの活用シーンが明確化できず、社外の事例などを参考にプロジェクトを立ち上げたが明確な効果をなかなか生み出せない、といったケースが多い。

こうした状況は企業だけではない。山梨県と同様にIoT推進のための施策を進めている地方自治体は少なくないが、山梨県IoT推進ラボ、特にアグリイノベーションLabのように成果を生み出せているケースはまだ希だ。

アグリイノベーションLabを推進している戸田氏は、成功のポイントを、「山梨県IoT推進ラボならではのこだわりとして、特定の企業や農家だけのメリットではなく、地域全体を活性化させるために取り組んでいること」と強調する。

　「私たちの目的は、山梨を元気にしましょうというものです。そのテーマとして果樹栽培をまず選び、どうやって付加価値の高い生産物を提供できるか、つまり『儲かる産地』にするのかが命題でした。その方法としてはブランディングがよく言われますが、誰かが美味いと言ったから売れるようになったとか、そういうことではないと思います。IoT でデータを積み重ねるとおいしさの根拠を突き止めることができるのです。そして、重要なことは、個別の農家が IoT で成功しても、地域の成功にはなりません。しかし、JA は協同組合であり相互扶助の精神があるので、成功事例をみんなで共有しようということになります。実際には、成果を出している農家の方がチームに参加し、そのノウハウを共有しているのです。ほかの農家の人々は、それを採り入れている。こういった構造があるので上手くいっているのだと思います」

　戸田氏は、「座組」ということを述べる。アグリイノベーション Lab は JA と連携している。そのことによって地域全体が IoT に実践的に取り組み、地域として「儲かる農業」、「儲かる産地」になり、「地域ブランド」を高めることができるのだ。

🔲 地方自治体が IoT 普及を推進する意義

　河野氏はやまなし IoT ラボ事務局の担当者として、ほかの地方に出向いて県の取り組みについて紹介する活動も行っている。山梨県 IoT 推進ラボの取り組みは成功例としてほかの地域にも知られつつある。IoT を推進したいがどのように活動すべきか分からない、そういった悩みを抱えている地方自治体は少なくないということだろう。

　その河野氏が山梨県の取り組みのゴールとして話すのは、意外にも IoT 推進ラボが必要なくなるということだ。

　「まずは山梨県 IoT 推進ラボの取り組みを盛り上げて、IoT あるいは AI の活用を地域に広げていきたい。その上で、我々の活動が最終的にはなくなることが一番いいのではないかと思います。民間の中で IoT や AI の活用が浸透し、ラボとしてもうやることはない、そういった状況を早く達成できればいいですね」

　現在の日本において地方創生は大きなテーマ、中でも地域産業の活性化は避けて通ることはできない大きな課題だ。地域産業が盛り上がれば雇用も増加し、そこに住む人も増えていくといった好循環が生まれる。一方、地方の経済を支える地域の企業は余力が乏しく、IoT や AI といった先進的なテクノロジー

に十分に投資する力がないケースが多いのも事実。こうした状況の中で、山梨県 IoT 推進ラボでは、地方自治体が積極的に旗振り役を務め、地域の IoT サービス提供企業、金融機関など「産官学金」の連携フレームで、新たなテクノロジーによる事業の変革をサポートしている。その実践例の意義は大きいだろう。

⚲ まとめ

課題

- 地域の企業が IoT に取り組めるようにしたい
- ものづくり製造分野と農業、観光分野での IoT 活用の取り組みを支援したい
- 地域の競争力・魅力を高めて持続可能な社会を実現したい

取り組み

- 県が事務局となり「山梨県 IoT 推進ラボ（やまなし IoT ラボ）」を設置
- 「AI ロボット用アプリケーション開発」、「アグリイノベーション Lab」、「体験型観光における共体験システム」の 3 つのワーキンググループでスタート
- 山梨県の金融機関、地域の IoT サービス提供企業と連携し、4 つ目のワーキンググループ「やまなし IoT みらいアシスト」を設置。IoT の導入を資金面やコンサルティングなどから支援する機会を設け、県内の企業や農家などへの活用を促進

県内の企業の 99％は中小企業であり その成長が今後の山梨の発展を 大きく左右する

—— 山梨県として IoT に積極的に取り組むと決めた背景を教えてください。

河野：山梨県の基幹産業は機械電子産業ですが、IoT、IT に自力で対応できる大企業と異なり、多くの中小企業は対応することが難しい。そうした企業をサポートしたいという思いが強くありました。

県内の企業の 99％は中小企業であり、その成長が今後の山梨の発展を大きく左右することになります。山梨でも、すでに農業分野では IoT を採り入れ始めていますが、さらにものづくり産業分野にも IoT を広めていくためにはどうすべきか、その解決を課題として掲げ、山梨県 IoT 推進ラボで取り組むことになりました。

戸田：もともと山梨市で始めていた「アグリイノベーション Lab@ 山梨市」の目的は地方創生であり、山梨を盛り上げることです。山梨を元気にするための産官学民のプロジェクトを作ろうということで Lab を作り、企業誘致を含めてやっていこうというのが発端でした。これを元に山梨県 IoT 推進ラボでも産学官民のプロジェクトを創ろうということになり、推進してきました。アグリイノベーション Lab の取り組み

河野 明 (こうの あきら) 氏
山梨県産業労働部
新事業・経営革新支援課
新市場獲得・経営革新担当
課長補佐

166

が山梨県 IoT 推進ラボの枠組みで山梨県全体に広がり、さらに国のレベルで広げられることはとても意義があると思います。

—— 山梨県 IoT 推進ラボの今後の展開については、どのようにお考えでしょうか。

河野：アグリイノベーション Lab という成功例がすでにあるので、同じような形で IoT を地域に導入できる成功例を探していきたいと考えています。そこで大切になるのはプレーヤーだと思います。アグリイノベーション Lab であれば、山梨市や JA、シナプテックや NTT 東日本の力があってプロジェクトを推進することができました。やはりこういうプロジェクトを進める上で、座組は非常に重要だと思います。

山梨をよくしようという強い気持ちを持って活動してくれる、そういった人に先頭に立っていただきたい。それによりプロジェクトが推進され、地域・企業・農家の支援が進み、さらに新しい人たちが集まってくる。そういったことを大切にしながらプロジェクトを進めていけばビジネスの発展にも繋がるのでないかと考えています。

戸田 達昭 (とだ たつあき) 氏
一般社団法人 Mt. Fuji イノベーションエンジン 事務局長
シナプテック株式会社
代表取締役 CEO

—— この取り組みを進める上で、特に重要だと考えていることは何でしょうか。

戸田：大事なのは理念です。IoT や IT は全部方法なのです。一般に、IoT をどうするかという考えになってしまい混乱してしまうのです。我々はもともとバイオテクノロジーの会社なのですが、遺伝子技術を使ってどうするかという議論に似ていて、やろうと思えば何でもできてしまう。ただ、それはやり方であり、しかもそのやり方が変わると概念も変わってきてしまのです。そうではなく、根底の部分は変えない。これは理念ということになってくるのです

が、それが一番重要です。

—— 山梨県 IoT 推進ラボには金融機関も参画しています。ここにはどういった考えがあったのでしょうか。

　河野：我々としての意図は、金融機関が企業に対して IoT の利点を説明できて、さらにコンサルティングできるくらいの知識を持ってもらえればと、考えたことです。やはり企業にとって金融機関は身近な存在であり、その接点が IoT 導入のきっかけになればと思っています。

　戸田：金融機関も参画していることは山梨県 IoT 推進ラボの特徴だと思います。彼らも新しい事業を創りたい、企業を活性化したいという思いです。金融機関としては新たな融資先を見つけることができ、企業は IoT 導入で成果が上がる、県は IoT 推進で産業の振興ができる。上手くバランスが取れたのが今回のプロジェクトではないかと思います。

終 章

デジタル化が開く地方創生
地域でこそ IoT は
新しい価値を生み出す

東京大学教授　森川 博之 氏
インタビュー

デジタル化が開く地方創生
地域でこそ IoT は
新しい価値を生み出す

東京大学教授　森川 博之 氏

　ビッグデータ時代の情報ネットワーク社会はどうあるべきか、情報通信技術はどのように将来の社会を変えるのかを研究している森川博之教授は、「地域×デジタル」をコンセプトに掲げ、IoT が地方創生に大きな役割を果たすと提唱している。人口減少に悩む日本において地域でこそ魅力ある IoT を作り出すことができ、その経済、社会への効果も高いという。

■ デジタル化が生産性向上に繋がる

—— 早くから IoT の研究に取り組まれてきましたが、最近は「デジタル化」をキーワードに「地域×デジタル」とか「地域× IoT」というコンセプトを提唱されていますね。

　森川：10 年くらい前から、人と人のコミュニケーションだけではなく、モノとモノのコミュニケーション M2M（Machine to Machine）やモノのインターネットの新たな可能性について研究してきました。今は、一般に「IoT」と呼ばれていますが、私はこの本質は「デジタル化」と考えています。

　デジタル化は、今に始まったことではなく、水位や水量などの河川情報のテレメーター観測、自動販売機の管理システム、エレベーターの状態監視システム、公共バスの運行管理システムなども、アナログの世界をデジタル化したものです。

　今、世界でも日本でも言われている「デジタル変革」、「デジタルトランスフォーメーション」というものは、このようなデジタル化の動きがあらゆるところで生じることで、事業や産業、組織や会社、社会や生活が大きく変わることを指します。

—— デジタル化が、なぜ今、注目されているのでしょうか。

森川：例えば、街角や公園にあるゴミ箱のゴミの量をセンサーで量ることでデジタル化すればその量が分かります。そして、リアルなゴミの量が分かればゴミ収集業者は、どのタイミングで回収すればよいかが一目で分かるようになり、それまで毎日だったゴミ収集を3日に一度の頻度で済ますことができます。

　人が回って見れば分かるわけですが、それをデジタル化して、行かなくてもデータにもとづき処理することで30%の生産性向上に繋げることができるわけです。

　私たちの周りには多様なアナログの世界が広がっています。それらをデジタル化して生産性を高め、新たな価値を作り出していくのがデジタル変革なのです。経済成長には生産性向上が必須なわけですから、デジタル化が成長戦略の一丁目一番地であると言ってよいと思うのです。

森川 博之 (もりかわ ひろゆき) **氏**
東京大学 教授
大学院工学系研究科電気系工学専攻

モノのインターネット／M2M／ビッグデータ、センサネットワーク、無線通信システム、情報社会デザインなどの研究開発に従事。OECDデジタル経済政策委員会副議長、新世代M2Mコンソーシアム会長、総務省情報通信審議会委員。国土交通省国立研究開発法人審議会委員など。

—— アナログの世界と言われましたが、世の中はほとんどすべてIT化されていないわけですから、デジタル化の対象は無限ですね。地域に着目されたのはどうしてですか。

森川：デジタル化のビジネスチャンスは生産性やサービス向上の余地がまだあるところを見つけ出すことです。世の中には、生産性の低い分野が膨大に存在します。確かに、ほとんどの領域はまだITの手つかずの領域と言ってよいでしょう。

　私は、日本の人口減少を大変危惧しています。国の統計によれば、日本の総

人口は 2004 年の 1 億 2784 万人をピークに 2030 年には 1 億 1913 万人、2053 年には 1 億人を割り、2060 年には 9284 万人まで減少すると見込まれています。2100 年には 5000 万人にまで減少し、明治時代後半の水準に戻っていくと言われています。

国交省の推計では、2050 年には現在、人の住んでいる面積の 20% が無人化すると言われています。2040 年に 20 ～ 39 歳の女性の数が 49.8% の市区町村で 5 割以上減り、推計対象の全国約 1800 市町村のうち 523 では人口が 1 万人未満となり消滅するとの推計が出ています。

これから、私たちが立ち向かわなくてはいけないのは日本の歴史上、類を見ない「急激な人口減少」なのです。地方においては、「地域経済の縮小」と「維持困難となる地域社会」という形で深刻な影響が及んできます。

こうした人口減少がもたらす課題に対して地域全体で取り組んでいく必要がありますが、デジタルが果たす役割も極めて大きいと思うのです。将来への危機感が地域でのデジタル化を後押しし、生産性を高め、価値の創出に繋げられれば人口減少の負のスパイラルから抜け出すことにも役立つと思うのです。

■ 地域経済とデジタル化

―― 地域におけるデジタル化、「地域× IoT」は、どういう意味を持つのでしょうか。

森川：地方の活性化という観点からは、地域密着型のサービス産業の生産性を上げることが重要です。農林水産業、鉱業、製造業、建設業を除く第三次産業のことです。

農林水産業など第一次産業はもちろん重要ですが、サービス産業は経済に占める割合が特に大きいため重要です。サービス産業は我が国の雇用の 70% 以上を占め、しかも中小企業がその大部分を占めています。サービス産業における中小企業の割合は 99.7%、従業員数では 74.7% です。地方経済圏に属するこれら多くの中小企業は労働生産性の大幅な改善が見込まれ、非正規雇用も多いという構造的要因を抱えています。これらを打開していかなくてはいけないのです。地方圏は、大企業ではなく中小企業が支えているのです。

農林水産業の重要性は言うまでもありません。人口が減り、住む人がいなくなると、国土も荒れる。国土保全の観点からも、農業・農村の有する多面的機能にも着目しなければなりません。農業の直接的な機能は食料を生産すること

ですが、「食料・農業・農村基本法」には、国土の保全、水源の涵養、自然環境の保全、良好な景観の形成、文化の伝承などが多面的な機能としてあげられています。デジタルで農業の生産性を上げ、生産者が儲かる仕組みを構築することを考えていかなくてはなりません。

　全国津々浦々に行き渡っている道路や上下水道などの社会資本ストックは高度経済成長期に集中的に整備されており、これから老朽化が急速に進みます。道路、港湾、空港、公共賃貸住宅、下水道、公園、治水、海岸などはすべてそうです。

　維持・更新費用を十分賄えず朽ち果てる事態になることも想定されます。地方自治体が事業主体となっている水道事業などでは、使用量の減少、設備・管路の老朽化、職員の高齢化などの課題に直面しています。

　デジタル化を積極的に用いて維持管理費・更新費の低減を図ることは財政的にも好ましい。産業活動の基盤であり、我々の日々の生活を支える社会資本ストックをデジタル化で高度化しなければいけないでしょう。

—— 地域での IoT の取り組みで、どういう点に注目されていますか。

　森川：地域の中小企業で、地域経済の活性化のみならず日本経済の成長・発展に資する事例はたくさんあります。いずれもデジタルの導入が１つのカギとなり、生産性を高めている例ばかりです。

　大手の赤字バス路線を引き継いだバス会社は、車両に GPS やカメラや赤外線センサーを付け運行状況を見える化して利用者の増加を実現し、収益に結び

付けています。また、ある温泉旅館は従業員の労働時間を分単位で把握して作業の見直しと効率化で労働時間の短縮に努め、生産性を上げています。あるスーパーは古紙回収ボックスに重さを量るセンサーを取り付け、クラウドで一括管理できるシステムを作りました。古紙回収事業者は古紙の分量を正確に把握できて回収効率を上げ、スーパーは駐車場に回収ボックスを置くことで顧客の来店頻度を高め、消費者は古紙の重さでスーパーのポイントを貯めることができる、「三方良し」の仕組みです。

　本書で取りあげている事例も、いずれも顧客のところで価値を生んでいると思います。JA ふくしま未来では IoT センサーを使うことで夜間における凍霜害防止対策の見回りの職員ら 60 名を 3 名に減らしました。これは劇的効果ですね。あるいは、IoT センサーで温度管理を行い、ハウス内での過度な温度上昇による果樹の被害を防ぎ何百万円の損害を未然に防止したり、養鶏場の温度センサーで高温による鶏の死亡を防ぐとともに、見回りの負担を減らしたりするなどの事例も効果がよく表れていると思います。

　IoT はお客さまの価値を作ることです。決してビックリするような技術ではないし、技術の高度さではありません。どちらかと言うと、システムはすでにあるものの組み合わせです。IoT とか AI はあくまでも、ツールです。目的はデジタル化することであり、それで仕事のやり方を変えることです。これが、デジタル変革のファーストステップなのです。

　IoT で重要なのは技術力に先立つ「気づき」です。顧客は何を必要としているのかという気づきです。だから、顧客価値なのです。はじめはそれが何かは分からないのです。それを気づき、発見し、ユーザー側とこちら側を結び付ける人の存在が大事なのです。

　その人の力は、重要な能力なのです。私は「カタリスト」つまり触媒者と呼んでいますが、顧客価値を見出して技術と繋げられる人ですね。必ずしも技術に精通している必要はありません。隠れたニーズを探し出す力を有する人です。それは、今後、新しい職種になるのではないでしょうか。

◻ 気づきと伝えるが大事

—— 地域におけるデジタル化の成功のポイントは何でしょうか。

　森川：地方は現場も人間関係も近いため、問題やニーズを把握しやすく、様々な連携を進めやすい。例えば地方で言えば、IT ソフトウェア企業、ペンキ屋、水道屋などの社長同士の仲がよい。こうした現場の近さから何かが生まれる余地が高い。デジタル化の第一歩は現場での「気づき」にあるからです。顔と顔が見えている関係や、コンパクトな現場での問題やニーズを把握できるのが強みなのです。ちょっとした気づきや工夫を実行に移していきやすい環境にあるわけです。

　また、低コストで迅速にデジタル化を実行する環境が整いつつあるのも追い風です。地方には地方の魅力があります。豊かな自然や名所、多様な人々、地域の魅力の再発見にも繋がるのではないでしょうか。

　こうしてみると、地方創生とデジタルはとても親和性がよいのではないかと思います。様々な産業がデジタル化され、生産性が上がると、ビジネスが回転し、新しい仕事も生まれ、競争力も高まる。一つ一つは大きくないかもしれないが、それこそが地方のメリットになります。大手企業が参入しない中小企業向けのほどよいサイズの市場が地方にはいっぱいころがっています。ここに元気な中小企業がたくさん出てくると、地方も、そして国全体も元気になるのではないでしょうか。

—— 地域におけるデジタル化のアドバイスをお願いします。

　森川：今、企業では「PoC*1 の屍」ということが言われています。確かに、上から指示されて始めた IoT は、現段階ではビジネスにならないものも多いかと思います。それは、新たに生み出された価値がコストを上回れなかったからでしょう。でも、それは無駄ではなかったと思います。現在のコスト構造から早かっただけであり、いずれコストが下がってくると劇的に復活するかもしれません。例えば、ある水田用のセンサーは 5 万円から 10 万円するそうです。それで、現状では無理と判断されたそうです。しかし 1 万円になったら、無理ではなくなるでしょう。私は政府や自治体、団体や企業のトップの方に言っているのです。今すぐ PoC が上手くいかなかったからといって、担当者に失敗のレッテルを張らないで欲しい、いったんそっと引き出しに収め、時を待つというのが正しいのではないかと。

　私が恐れているのは、先行した企業で IoT の PoC が流行っていますが、来年は幻滅期に入ってしまうのではないかということです。すべての PoC が成

---

*1　PoC（Proof of Concept）：概念実証。新しい概念のサービスやプロジェクトの実現可能性を確認するため、様々な観点から効果や実現性を検証すること。

功することはないわけで、そのプロジェクトの限界や課題が見えてくると思います。制度や法律の壁にぶつかるかもしれません。そこで、儲からないからすぐやめろと一斉に止めてしまってはいけません。ビジネス化には時間がかかるし、本当の顧客価値を見出すためには時間がかかるのです。IoT は奥が深いし先が長い。スケールが大きいのです。

—— 確かに、全部がすぐに上手く行くわけではないわけですから、どうしたらよいでしょうか。

　森川：私が言っているのは、自治体のトップや企業の経営層にはともかくデジタル化を言い続けて欲しいということです。現場の人には絶えず頭の隅でもデジタル化を考えて欲しいので、それにはトップやリーダーが言い続けていただくことが重要です。

　あと、私は地銀の役割が大きいと思っています。地銀は地域の中小企業を全部握っているわけですから、地域の企業が頑張って生産性を上げるしか地銀の未来はありません。地銀の人の意識が変われば地域も大分、変わるのではないかと思っています。

　自治体の役割も大きなものです。日本という国は、我々が思う以上に経済規模が大きいのです。県の総生産というのは、外国の 1 国レベルが相当あります。「スタバがなかった鳥取」とか言っていますが、鳥取県も金持ちのブルネイ 1 国とほぼ同じなんです。栃木県の市町村だって、外国の国レベルの経済規模です。日本はそういうものの集合体なのです。私たちが田舎だとか地方だとか卑下するのはとんでもないことです。そういうことで自分を小さく見て諦め、トライしないというのは実にもったいないことです。

　私は、IoT は海兵隊だと言っています。上手くいったらすごく栄誉のあることで、突破口が見えます。しかし、裏には「死者」がたくさん出ているのです。勝てなかったらいったん撤退すればよいのです。失敗して戻ってきたら褒めてあげるくらいの気持ちが大事です。

—— 最後に、地域の IoT への取り組みについて、どういう期待をしていますか。

　森川：私は IoT の取り組みを通して新しい人材か生まれるのではないかと期待しています。IoT 人材は、決して技術だけではありません。むしろ、コーディネートする人なのです。技術よりは気づきのできる人なのです。先ほど述

べた、気づきと伝える力です。それには、「利他」の心と「共感力」が必要です。そういう新しい職種、そして地域 IoT を進める新しい会社が出て欲しい。

　その点、高専には期待しています。地元には今、就職先がなくて困っています。しかし、本当はこういう地方の IoT の取り組みは地元でこそやって欲しいことです。地域の課題を捉え、地元で取り組んでいけば、就職先もできると思うのです。

　IoT を通じて新しい仕事が生まれる、それはビジネスサイクルができるということですから、そうなれば地方創生も本物になってくるのではないでしょうか。

監修・執筆・編集者等一覧

● 監修：東日本電信電話株式会社（NTT東日本）ビジネス開発本部
澁谷 直樹

加藤 成晴

酒井 大雅

阿部 正和

● 序論執筆
桑津 浩太郎

● 編集：テレコミュニケーション編集部
土谷 宜弘（企画・編集）

翅 力（編集）

伊藤 真美（執筆）

中村 仁美（執筆）

川添 貴生（執筆）

高橋 正和（制作編集）

野潟 秀之（写真撮影）

藤井 宏治（写真撮影）

制作協力
株式会社トップスタジオ

畑 明恵、大垣 好宏（制作進行）

トップスタジオ デザイン室 阿保 裕美（装丁、紙面デザイン）

岩本 千絵（DTP）

本書に関するお問合せについて

● 本書の内容全般に関しては、リックテレコム（お問合せ先は、本書奥付に記載）までお願いいたします。

● 本書記載の IoT 活用事例に関するサービス内容または技術内容に関しては、以下までお願いいたします。
NTT 東日本 ビジネス開発本部 第三部門 IoT サービス推進担当
URL：https://business.ntt-east.co.jp/service/gigarakuwifi/iot/
電話：03-5359-7990　　メールアドレス：sales-iot-ml@east.ntt.co.jp

地域で活きる実践IoT

自治体、農業、倉庫・工場の活用事例

2018年 12月10日　第1版第1刷発行	編　　者	テレコミュニケーション編集部
2020年　2月25日　第1版第5刷発行	監　　修	NTT東日本 ビジネス開発本部

発　行　人　　土谷宜弘

編集担当　　翅　力

発　行　所　　株式会社リックテレコム

　　　　　　　〒113-0034 東京都文京区湯島 3-7-7

　　　　　　　振替　　00160-0-133646

　　　　　　　電話　　03（3834）8380（営業）

　　　　　　　　　　　03（3834）8427（編集）

　　　　　　　URL　　http://www.ric.co.jp/

制作・組版　　株式会社トップスタジオ

印刷・製本　　シナノ印刷株式会社

● 訂正等

本書の記載内容には万全を期しておりますが、万一誤りや情報内容の変更が生じた場合には、当社ホームページの正誤表サイトに掲載しますので、下記よりご確認下さい。

＊正誤表サイトURL

http://www.ric.co.jp/book/seigo_list.html

● 本書に関するご質問

本書の内容等についてのお尋ねは、下記の「読者お問い合わせサイト」にて受け付けております。

また、回答に万全を期すため、電話によるご質問にはお答えできませんのでご了承下さい。

＊読者お問い合わせサイトURL

http://www.ric.co.jp/book-q

● その他のお問い合わせは、弊社サイト「BOOKS」のトップページ http://www.ric.co.jp/book/index.html 内の左側にある「問い合わせ先」リンク、またはFAX：03-3834-8043にて承ります。

● 乱丁・落丁本はお取り替え致します。

ISBN978-4-86594-179-1　　　　　　　　　　　　　　　　　　　Printed in Japan